传统文化
设计
符号学研究

张野 著

中国建筑工业出版社

序 言

本世纪以来,工业设计从人因工学与设计美学导向下的"产品造型设计",逐步发展成为多元融合的交叉学科,其内涵与边界日益模糊。随着我国人民群众精神文化需求的日益增长,文化创意产业迎来了历史性机遇,近年来的"文物热"和"文创热"现象,充分体现出社会各界对文化传承创新的高度重视,从社会文化现象中提取并运用"符号",已成为当今设计工作中的重要内容。

这些年我在中国和日本两地工作生活,主要从事设计及美术的文化交流工作,期间深刻感受到文化传承与创新在设计中的重要性,同时也在思索"设计"与"理论"的第一性问题。中国具有全球最大的设计市场,设计从业者拥有丰富的项目资源和实践机会,整体设计水平也在逐年提高。但设计师深陷于繁忙的工作中,失去了静气,其理论水平远低于动手能力也是不争的事实,尤其普遍缺乏对自身文化的反思与挖掘。当下中国已经进入"新文创时代",如何利用好中华五千年文明积淀的优质设计符号资源,实现传统文化的当代价值转化,是青年学者需要思考的问题。

设计符号学是后现代主义设计、文化创新设计、社会创新设计的底层理论逻辑之一,其学科内涵尤为关注设计文化现象的传承创新与反思批判。本世纪初我国学术界曾迎来一股设计符号学研究热潮，我的学生张野于 2006~2009 年期间完成的博士学位论文《传统文化设计符号学研究》，正是那个时期较早的学术成果之一。本次他有意将其修订出版，作为张野的导师，我甚感欣慰。第一个原因是，尽管本书成稿已十年有余，但核心内容却与当今的新文创时代趋势高度符合，提出的方法论具有较强的现实问题导向价值，本书的出版正可谓恰逢其时；第二个原因是，张野博士在长期从事设计教育工作的同时，负责了大量重要的设计实践项目，作为一名经验丰富的学院派设计师，我经常鼓励他将部分精力投入到经验的总结与知识的传播上来。相较于十多年前，他在"设计之事"的认识上具备了更高的站位和视野，这种全局观对他的理论研究产生了较强的"反哺"作用，本书的修订正是融合了张野博士多年在设计教育与实践领域积累的经验思想，从而体现出较强的学术前沿性与创新性。

  作者通过符号学理论工具观察传统设计文化现象，面对传统又超脱于传统，最终目的还是意在回归"当下"。书中对代表案例符号的形式特征及意义流变展开了深入分析，从中归纳总结中国设计的内在思维逻辑，提出了具有较强理论价值的结论，显示出作者扎实的设计符号学理论功底和严谨的治学态度。希望研究成果成为中国文创设计的理论工具，让更多的设计师了解并主动运用，也希望张野博士能继续努力做好学问，为中国设计学理论发展贡献力量。

北京理工大学设计与艺术学院 教授／博士生导师

孙乃仁

2022 年 2 月于日本大阪

前　言

十六年前，我以《传统文化设计符号学研究》为题，开展了博士学位论文的工作，毕业之后并没有将其出版的计划，一是认为研究内容尚有诸多不够成熟之处，唯恐贻笑大方；二是彼时作为一名年轻气盛的"青椒"，每日被琐碎繁杂的授课与项目围绕而乐此不疲，出书立作并非是当时的工作重心，没想到这一放就是十余年。回想起恩师张乃仁教授送我的"静生慧"三字，时时汗颜。近年来随着年龄增长和阅历的丰富，越来越意识到有必要放慢一些脚步，通过写作的方式，将这些年的思考体会沉淀一下，检讨一下其中的经验得失，往大了说，希望能为设计理论发展作出一点贡献，往小了说，能在职业生涯中留下一点痕迹，待垂垂老矣之时给自己的内心有个交代。我也越来越意识到，这些年我们忙于追求的所谓"帽子""导向""指标"，大多数并不产生对人类的直接贡献，而恰恰是用心设计一件触及人类心灵、改变生活方式的作品，抑或是写出一本突破人类认知、传播优秀思想的好书，才对自我与社会发展最有价值。因此，2021年年初，我给自己定了一个每年出一本书的写作计划。本打算率先完成自己最为看重的《图形设计修辞学论纲》，但苦于难度太大，又没有充分的大块时间思考清楚，致使该书迟迟无法推进，因此我及时调整战略，计划用一个月时间重新修订自己的博士论文，先将这本《传统文化设计符号学研究》出版，为自己开个好头。可万万没想到，回头再看十几年的论文，部分观点已发生了深刻的变化，行文逻辑上也存在大量不足，最终只能下定决心投入精力，对 90% 以上的内容进行了修订提升，除保留原文的章节结构与主要观点之外，相当于重写了一遍全文。这一艰苦卓绝的过程持续了半年之久，总算在虎年到来之际才算勉强完成。

在修订过程中我在不断地思考，十几年前的成果，现在发表还有什么价值？彼时的设计符号学研究，算是一个相当"时尚"的方向，本人的博士论文也算是国内较早的该领域研究论文之一。回看当时的自己，无疑是带着一种浪漫的英雄主义情怀，希望能拯救"毫无章法"的传统文化创新设计于水火之中，加上自己的功利主义，总想找出什么理论模型对实践设计加以指导，现在看起来不免浅薄幼稚。但我也为本书的出版找到了一些理由：毕业后我长期从事设计符号学有关的教学研究工作，在执教研究生课程"设计符号学"和本科生课程"信息设计"的过程中，对理论有了更为深入的认识，特别是对解决"符号如何设计"的设计修辞问题开展了长期的系统探索，取得了一些成果。此外，自 2018 年以来，我在承担圆明园、北京动物园、京张铁路等与文化传承密切相关的项目过程中，对传统符号的当代转译问题有了更为深刻的认识。这种认识提升包括以下几个方面：第一是认为设计符号学研究中，最迫切需要解决的是设计修辞问题；第二是认为修辞类型的"四分法"只解决了符号题材来源问题，而组合模式与风格特征修辞理论尚未建立；第三是认识到"文创价值"的评估是开展传统文化当代转译工作的前提。这些认识均已在本次修订之中予以体现，是本书尚不过时的保障。此外我们必须承认，中国的创新设计已经由"品牌设计"驱动转向为"信息设计 + 文创设计"驱动，设计师从未像今天这样关注传统文化的积淀，也从未如此渴求得到科学的符号转译方法论指导，因此，作为一本专门探讨传统文化设计符号理论的专业书籍，本书的出版环境相对十余年前要改善许多。

受学术背景所限，相较于考古学、历史学、民俗学和工艺美术学家，本人在传统文化的知识与资料储备方面无疑是业余的。无论在十余年前的初稿写作阶段，还是现在的全文修订阶段，本人都未敢把研究目标设定在"研究传统"之上，我清楚地知道，自己的优势在于长期从事设计实践的经历，是设计方法论的"需求方"，更清楚什么样的理论模型对设计者更具现实价值。因此，本书定位于"站在传统看现代"，即发力于传统，结论于当下，借助前人之所得，使用符号学理论工具观察传统文化中的设计现象，形成能指导当代设计实践的方法论；其次，相较于国内外顶尖的语言符号学家，本人的符号学理论水平也仅限于应用层级。因此，"符号学"被我视为一种用于切分古代传统文化视觉现象，管窥其中设计思维规律的理论工具；此外，既然本书的目标在于提出方法论，那么就有必要制定"代表案例研究"的技术路线，这样才能避免将工作重点陷入浩如烟海的传统设计符号归纳梳理，而转化为"谁是代表符号"这一相对简单问题的论述，从而保证了研究的深度与广度。

全书首先对设计符号与传统文化的关系展开系统论述，随后以太极图、兽面纹、福纹符号为案例切片，分别用于观察哲学与认知层、礼制与人文层、民用与人造层的设计符号文化现象，在兼顾共时性与历时性的立场下，重点对案例符号的意义来源、形式特征、类型划分、意义流变及其演进动因展开分析，总结其中蕴含的造物思维规律。进一步考察传统工艺典籍中的设计符号学思想及古代易图中体现的信息设计理念，最终指出，中国传统设计符号的意义来源于"观象"与"语言"两大途径，据此发展了显性设计符号来源模型。认为先民具有"巧易造物"的设计观，通过独特的"模糊联系思维"处理"道、法、器"之间的复杂关系，形成了以"易"为思想，以"适"为策略，以"联""替""数""全""均"为方法的"五易"隐性设计符号来源模型。综合上述成果，书中在结论部分进一步提出了以传播民族文化附加价值为目的的"中国传统文化显性－隐性设计符号来源模型""中国文创隐性设计符号意义来源模型""中国文化创新型设计程序与方法"等理论工具，从而为民族文化符号的当代转译提供了方法论角度的新思路。

书中所谓"自圆其说"的结论，完全是对历史学、考古学、美术学和符号学等学科前期工作的归纳梳理，即便有一两点新意，也应归功于前人的探索积淀。本人深知，受学术水平所限，书中难免还存在诸多不足缺陷，提出的"创新观点"也仅代表一家之言，尚值得推敲商榷，在此恳请同行专家批评指正！

衣带渐宽终不悔，为伊消得人憔悴。在此与同道共勉！

张野

2022年2月
于北京西直门内小后仓

目 录

序言

前言

第一章 从符号学到中国传统设计

一、中国传统设计的当代使命 2
二、设计符号学的源与流 5
三、设计学科与传统文化研究 21
四、走向设计符号学 27

第二章 传统造物活动中的设计符号学

一、传统设计思维的符号学解读 32
二、传统设计符号的类型与层级 34
三、研究案例的确定 41

第三章 易有太极 是生两仪

一、今本太极图符号 44
二、象数图式与义理图式 49
三、太极符号的历时性演进 63
四、类太极符号的造物规律 91
五、太极符号对造物语意的影响 98

第四章 崇神敬祖 以联天人

一、兽面纹源流考　102

二、兽面纹的符码构成类型　117

三、兽面纹器物信文案例分析　126

四、兽面纹设计思维与演进动因　130

第五章 符必有意 意必吉祥

一、福纹符号的所指意义　135

二、福纹符号的能指特征　137

三、福纹的二维视觉文本　143

四、吉祥语意的符号编码思维　151

第六章 传统造物的符号学思维

一、传统工艺典籍中的设计符号学思想　158

二、易学图式中的信息设计理念　169

三、传统文化显性设计符号编码思维　175

四、传统文化隐性设计符号编码思维　178

五、传统文化设计符号思维系统模型　186

结语 守正创新 设计未来

一、代表研究案例的综合研讨　187

二、中国文创设计符号方法论　190

三、研究趋势与未来展望　194

参考文献

后记

第一章 从符号学到中国传统设计

符号是文化的产物，是人类沟通与情感交流的载体，人通过处理符号来交流信息、采取行动，符号学的目的是建立广泛可应用的交流规则[1]。设计与符号学关系密切，"设计"一词源于拉丁文的Designare，意思就是画记号[2]。研究和运用符号学原理来帮助设计师"做记号"，是设计师创新与赋予产品文化内涵的重要途径[3]。

近现代以来，西方设计成为先进设计的代名词，反观有五千年灿烂文明的中国，"设计"无疑还在照搬、吸收与彷徨中艰难探索[4]。这一过程伴随着有识之士对中国设计思维本质问题的内省。设计是根植于特定文化范式下的思维方式、行为方式、生产生活方式的反思与创新。我们应当避开文化形式的浮光掠影，着眼于民族文化的精神内核，以设计符号学为理论工具，分析影响中华民族几千年的思想文化根源，管窥传统造物活动中的典型设计案例，探寻适应中国语境的设计思维方法[5]。

---

[1] 李乐山.产品符号学的设计思想[J].装饰,2002(04):4-5.
[2] (德)马克思·本泽,伊丽莎白·瓦尔特.广义符号学及其在设计中的应用[M].北京:中国社会科学出版社,1992.
[3] 黄敏.设计中的符号学[J].湖北工学院学报,2001(03):89-90,106.
[4] 本文成文于2009年春季，彼时对中国设计在世界地位的观点应该说是中肯准确的，但随着近十余年来我国设计产业的快速发展，中国已然处在了由设计大国向设计强国转换的十字路口，也基本实现了由制造导向向创造导向的思维观念转变。在诸多领域不但可以做到与世界同步发展，甚至在某些方面已经达到或超越了世界领先水平。
[5] 王佳,张野.基于我国传统文化角度研究产品语义学的意义及目的[J].河北大学学报(哲学社会科学版),2008(01):130-133.本次修订在内容表述上有所调整。

一、中国传统设计的当代使命

1. 民族的才是世界的

后现代主义认为每一个民族、每一个地域、每一个文化都有其特色与存在的价值,反射到"物"的设计与消费上,当然也都会有不同的特色,这就是解构主义所称的"差异的消费",布什亚(Jean Baudrillard)所称的"拟象物的消费、符号的消费",后现代主义所称的"风土主义"[①]。当代设计实践是多元化的求异,无论是后现代主义的反理体、反中心或反现代设计,还是语言学、符号学与文化人类学在设计学科的广泛应用,都是在重新反省、探讨新的设计文化观,都力图从传统文化、本土文化、族群文化中吸取养分,赋予人工物更多的象征意义,恢复产品与文化割裂的关系,从而在"千人一面"的全球化浪潮中凸现自我[②]。

尽管发达国家在现代设计运动中呈现出一种设计上的普同主义,但都极为重视保持自身的设计文脉,在实践中形成了独特的产品识别特征。近几十年来,许多设计强国都在设计史上留下了某时代、某风格、某品牌的符号印记:苹果电脑在产品交互设计中建立了以水晶风格为特征的品牌形象,对 21 世纪初的工业设计产生了深刻的影响;甲壳虫轿车的造型延续随时代而变,在追求时尚的同时却保持其经典基因;ALESSI 产品体现出意大利人对功能和趣味的深刻认识;诺基亚手机鲜明的族系特征让产品在全球化竞争中保持自身的造型血统,并产生了持久的差异化竞争力[③]。因此,独特的符号识别特征是形成差异的基础,保持设计核心特征的文脉稳定

---

① 杨裕富.创意活力——产品设计方法论[M].长春:吉林科学技术出版社,2004:172.
② 胡飞.中国古代设计艺术的当代生命[J].艺术百家,2005(03):102-105.
③ (美)斯蒂芬·贝利.20世纪风格和设计[M].罗筠筠译.成都:四川人民出版社,2007:2.

性，并在此基础上创新演进，是民族、国家、设计文化观念的普遍发展规律。如果一个民族的造物实践脱离了这个规律，其产品和设计的形态语言将是无本之木，充其量可以通过优美的外延躯壳给使用者带来视觉生理上的欢娱，而绝不能传达一个完美作品所应承载的深刻文化内涵，更无法通过设计满足人民的文化归属感。

进入多元文化时代，"民族的才是世界的"绝不是一句空话，忽略了自身文化DNA符码的国家与民族将无法产生真正意义上的创新设计。随着技术的同质化，产品的功能性要求不断弱化，而产品承载的文化差异性需求进一步凸显，这已成为产品开发的重要工作之一。通过文化挖掘与创新提升产品附加价值，已成为当下普遍的共识，也是保证民族品牌全球竞争力、民族文化全球传播力的基本要求。

2. 民族文化的当代应用困境

中国有古老的文化，各个时代的产品都以其鲜明的民族特色而闻名于世。但在过去一百年来，我们没有鲜明的民族制造业ICON[①]。国内工业设计也普遍存在"无主体现象、无根现象、无反馈现象、无特色现象"等问题[②]，这既有时代变革中的历史、经济和社会原因，也是设计理论研究滞后的现实反映。

中华人民共和国成立以后，设计界对"民族文化的当代应用"这

[①] 童慧明.创造中华现代产品的ICON [J].美术学报,2003(02):37-40.
[②] 杨裕富先生指出我国工业设计界主要存在以下四个错误的现象：1.无主体现象。工业设计界不将自己的生活特点反映在设计上、也不将自己的民俗生活中所遇到的工具需求或工具改良视为正当可行的工业设计责任和义务。2.无根现象。工业设计师的训练过程中，并不容易理解消费者，因为消费者并不是身边的人，而是一个匿名的、抽象的、欧美日中低价位市场的"混合人"，工业设计只追求一种"流行"，除了模糊的市场利润外，工业设计师也不太了解为谁而设计与为什么坚持设计。3.无反馈现象。工业设计界因为无根，所以大部分的设计经验无法从市场、无法从消费者取得反馈，进而使这些设计经验无法积累。4.无特色现象。无特色现象是我国设计的一大特色，我们的设计界不愿意去了解或找不到了解自己的民族文化、民俗生活的方法，所以更不可能说会从自己文化中找到设计的灵感了。而后现代主意恰恰讲究的是风土特色、文化色彩。

一关键议题做出了持续的探索，从中华人民共和国成立伊始的国徽、人民英雄纪念碑到20世纪60～70年代动画作品《大闹天宫》《哪吒闹海》，再到以北京西站为代表的如雨后春笋般拔地而起的"大屋顶"建筑，期间赞誉与批判交织，成功与失败共存。80～90年代后，受到西方设计思潮的影响，设计教育界逐渐弱化图案能力培养，基础教学被以包豪斯三大构成为代表的西方教学模式取代，年轻一代设计师的民族文化底蕴越发薄弱，导致普遍无法胜任传统文化设计实践工作，面对传统符号往往采取照搬、割裂、支解或拼置的简单处理方式，导致了业界与公众的广泛批评。时至今日，中国本土化设计实践的特色设计理论既是学界关注的热点，也是困扰业界的难题。

值得欣慰的是，过去我国传统工艺美术研究学者进行了大量卓有成效的基础研究工作，设计学界也在西学东渐的过程中认识并了解了设计符号学、产品语意学等现代设计理论，并开始着手开展了一系列符合国情的理论探索，但现有研究往往只孤立于某一系统或某个要素，呈现碎片化与片面化特征，少有学者开展对中国传统设计文化的系统研究，先民在造物活动中的符号编码思维过程、人造物语意分析梳理工作均较为缺乏，理论研究严重滞后于时代需求。

传统文化设计符号学研究的最终目标，不在于"传统"，而在于"当下"，即以符号学视角观察传统设计现象，总结先民造物思维规律，并构建可反哺当下的认识论与方法论体系。当代设计"求同"的前提是理解自身"存异"的本土文化，我们要想赶超设计强国，首先要认识自己的文化、体验自己的生活、严肃地面对自己。挖掘提取本土设计符号基因，创造适合本土生活方式的设计事物，这也是回应"民族文化的当代应用"这一议题的唯一可行之路。设计符号学、产品语意学、设计修辞学等全新学科理论，在传统文化与当代设计实践之间构建起一架桥梁，为我们解决此类难题提供了理论工具，这将成为解决民族文化创新问题的突破口。

二、设计符号学的源与流[①]

艾柯（Umberto Eco）认为，"语言是人类创造的最强有力的符号工具，由于语言学的地位比其他符号系统更为确定，符号学在许多方面依靠语言学概念"[②]。而设计符号学理论正来源于语言学产生的现代符号学理论，但由于"设计物"不具备语言相对稳定自闭的完善符号构成特质，故其理论体系尚不完善，呈现出显著的非语言性和折衷主义[③]。设计符号学又与信息传播学、产品语意学、设计修辞学等学科具有上下层级的关系，因此，有必要在开展研究之前对各大学科流派关系做出简要梳理，整合分析其特色优势，明确可用之理论框架，打造相对科学的中国传统造物文化研究工具。

设计符号学可从三个学术理论脉络的源流进行交叉考察，其一可从符号学家视角出发，梳理符号学到应用符号学延伸的学术脉络；其二是站在设计学视角，观察从设计符号学到设计语意学的发展脉络；其三可从语言修辞学及传播学者的角度审视，管窥视觉修辞学向设计修辞学延伸的过程。

1. 从符号学到应用符号学

现代符号学起源于20世纪初，分别由瑞士语言学家索绪

[①] 张野,曾馨.中国设计修辞研究二十年:起源与展望[J].装饰,2018(11):80-83.该章节主要内容摘录自本人于2018年发表于《装饰》的文献综述类文章，为符合本研究成文时间，本次仅保留文中2009年之前的文献，并进行修改润色。
[②] 胡壮麟.当代符号学研究的若干问题[J].福建外语,1999(1):1-9.
[③] 王铭玉,宋尧.中国符号学研究20年[J].外国语(上海外国语大学学报),2003(01):13-14.该文献认为："从20世纪符号学的发展状况来看，普遍的看法是认为符号学研究的方向在语言学角度上大致可以分为三大类：语言学的、非语言学的和折衷的。他们彼此的立场区别主要是语言结构是否成为非语言文化现象的模型或'蓝图'"。笔者认为：语言符号的结构的确可以在相当多的情况下辅助设计符号结构的建立和理解；但由于设计符号表达媒介的繁多，其视觉、声音、触觉等媒体都可归为非语言符号之列，所以设计符号学理论框架不可避免地要偏重"折衷"领域的研究。

尔（Ferdinand de Saussure）、美国实用主义哲学家皮尔斯（Charles Sanders Peirce）和卡西尔（Ernst Cassirer）从三个学术领域：结构主义语言学、逻辑学、文化哲学和美学进行建构①。1969年1月，国际符号学协会（IASS）在巴黎成立，标志着现代符号学的正式成立②。进入20世纪50～60年代，以罗兰·巴特为代表的西方符号学家已经将符号学理论应用于广告和图像分析等方面③。可以说，我国各学科的符号学理论的建立，前期均依托于西方符号学发展的理论构架。

依据李幼蒸的观点："最为通行的一般符号学理论体系共有四家：瑞士索绪尔理论系统、美国皮尔斯理论系统、法国格雷马斯理论系统和意大利艾柯一般符号学④。"我们依此观点分别对各大现代符号学理论流派做一个大致梳理，辨析百家之众长，评价其在中国设计符号学研究中的价值。

（1）索绪尔理论系统即语言结构主义符号学，代表人物有索绪尔、叶姆斯列夫（L.Hjelmslev）、罗兰·巴特（Roland Barthes）等学者。作为现代符号学之父，索绪尔在其对现代语言学发生深远影响的《普通语言学教程》中将符号分成能指（Signifier）和所指（Signified）两个互不从属、但不可分割的部分之后，真正确立了符号学的基本理论，他认为语言是表达概念的符号系统，语言符号是由形象印象与概念内涵组成的，前者称为"能指"，后者称为"所指"⑤。这一观点，将设计物拆解为"形式""意义"分别看待，为分析其构成思维和联系手段奠定了条件。索绪尔的继承者叶尔姆斯列夫则为后来的结构语义学的建立奠定了认识论基础⑥，他通过对语言内在结构的观察及探讨

---

① 徐恒醇.设计符号学[M].北京:清华大学出版社,2008:07.
② 胡飞.工业设计符号基础[M].北京:高等教育出版社,2007:02.
③ 刘涛.视觉修辞的学术起源与意义机制:一个学术史的考察[J].暨南学报(哲学社会科学版),2017,39(09):66-77+130.
④ 李幼蒸.理论符号学导论[M].北京:社会科学文献出版社,1999:06.
⑤ (瑞士)费尔迪南·德·索绪尔.普通语言学教程[M].高名凯译.北京:商务印书馆,1980:11.
⑥ (瑞士)穆斯达法·萨福安著.结构精神分析学拉康思想概述[M].怀宇译.天津:天津社会科学院出版社,2001:6.

序列与系统关系等方面的开拓性工作，发展了符号的切分性与共识性内涵，对当今设计符号学具有重要的理论价值[①]。后续罗兰·巴特发展了符号叙事理论，建立了文本解构主义，拓展了复杂文本系统结构分析理论[②]。尤其是巴特在总结结构主义叙事学最初成果的基础上，对叙事作品做系统分析，提出了叙事作品的功能层、行动层、叙述层理论[③]，对文化符号分层分类提出了理论依据。可以说，从语言现象入手提出符号学初始的理论体系，是结构主义符号学最大的贡献，无论是索绪尔认为"语言学只是符号学一部分"，还是罗兰·巴特所言"符号学只是广义语言学的一部分"[④]，这种转化都具有无可争议的划时代价值，也为后续的非语言符号学、折衷主义符号学的出现奠定了基础。结构主义符号学侧重符号社会功能探讨的优势，在传统文化的设计符号学研究中具有主导性意义。如今，符号的能指和所指已经成为产品语意学分析产品意义的基本概念之一。

（2）皮尔斯的实用主义符号学体系，认为任何一个符号都是由三种要素构成的，其中媒介 M 用作为符号表征一定事物；指涉对象 O 是符号所表征的具体对象；解释 I 是解释者对符号的理解和说明。这三者构成了一个完整的符号关系，它们是同时存在的。也就是说，符号同时是作为媒介、被表征对象及解释的[⑤]。从符号媒介如何表征对象的角度，可以在对象指涉方面将符号划分为以下三种下位符号：图象符号、指示符号、象征符号。这种符号分类法则成为大多数学者对区分

[①] 百度百科.叶尔姆斯列夫[DB/OL].(2007-07-24) [2007-12-09].http://baike.baidu.com/view/480941.htm.该文献将叶尔姆斯列夫的观点加以如下总结：语言的内在结构是一个由各级要素共同构成的关系网络，"形式"是体现关系，"实质"是体现形式的语言外的实体。另一方面，叶尔姆斯列夫在语言中切分"序列"和"系统"。序列是词、短语、句子等形式结构，符号的序列包含内容平面和表达平面。序列的成分之间，系统的大类、小类、要素之间都存在着一定的关系，这关系分为两类：不决定于其他价值的叫"常体"，受其他价值制约的叫"变体"。关系则是三种：两个常体之间的关系称为"相依"，一个常体与一个变体之间的关系称为"决定"，两个变体之间的关系叫"群集"。这三种类型的关系能够包括语言中的全部关系，认为语言就是一套形式要素的关系的综合。
[②] (法)罗兰·巴特.符号学原理[M].王东亮等译.北京:社会科学文献出版社,1999:6.
[③] 葛慧敏.罗兰·巴特叙事观念的转变及意义[D].上海:复旦大学,2011.该文对罗兰·巴特在《叙事作品结构分析导论》中的三层分类论点作出如下描述："功能层,研究基本的叙述单位及其分类的和相互关系；行动层,研究任务的分类及其结构原则；叙述层,探讨叙述者的分类以及叙述者同作者、读者的关系。并认为这三个层面之间的关系是层层递进的,而标志或线索功能单位的意义须往另一个层次上去探寻。
[④] 蒋涅.初探符号学在指示标识设计中的运用[J].大艺术,2004(02):62-63.
[⑤] 徐恒醇.实用技术美学产品审美设计[M].天津:天津科学技术出版社,1995:08.

符号的有力工具,事实上,传统文化设计符号的最主要的研究对象就是象征符号。

该流派的后续者莫里斯(Charles William Morris)把文化看作是有意义的象征符号,把文化传播看作是个体互动或交互作用的过程,他还认为符号互动理论建立在相互理解的主观主义基础上,这也明示了当代设计运用传统元素的第一原则:可识别与可认知。更为重要的是,莫里斯提出了符号学的三大研究领域:语构学(符号的结合法则与构成)、语意学(符号的明示意与伴示意)和语用学(符号与解释者的关系),已经成为至今广泛采用的符号学科分类方法[1]。相应地产生了产品语意学、产品语构学和产品语用学。

(3)格雷马斯(Algirdas Julien Greimas)从语言学理论出发,对符号学的研究对象加以更明确的定义,他认为文学作品作为研究对象是用一种特定的自然语言讲述出来的故事,因此是由一个能指和一个所指组成的意义整体,这与中华民族文化的整体观不谋而合,对我们研究中国传统文化体系非常具有价值。他特别强调层次在结构分析中的重要性,使我们认识到文化体系分层工作应是开展案例研究的前提。格雷玛斯在《结构语义学》中明确地写到:"我们建议把感知确定为非语言学的场所,而对于意指作用的理解就在这个场所内"[2]。针对非语言类的设计符号系统,格雷马斯的符号学观点对复杂语意层次的符号系统,如产品、建筑的语意解读具有积极的意义。

(4)艾柯提出了外延意指和内涵意指的概念。前者指一个符号在某一特定文化信息接受者所触发的直接效果,后者指所有能让这个特定文化中的信息接受者想起符号含义的事物。他认为形式与功能有效联系和被使用者有效解读只能建立在一个被掌握的习惯系统基础之上[3]。该观点辨析了形式与意义之间的关系,引出了产品语意学最为重要的外延与内涵概念,对设计语意的理论建构产生了直接贡献。

符号学在中国的创始并不晚于西方。赵元任先生在 1926 年的《符号学大纲》中首次提出"符号学"概念,且独立于索绪尔和皮尔

---

[1] 胡飞.工业设计符号基础[M].北京:高等教育出版社,2007:16.
[2] (法)A·J·格雷马斯.结构语义学[M].蒋梓骅译.天津:百花文艺出版社,2001.
[3] 胡飞,杨瑞.设计符号与产品语意、理论、方法与应用[M].北京:中国建筑工业出版社,2003:12.

斯的理论。在此之后，符号学在中国陷入了长期的"真空"期，直到20世纪80年代早期，符号学才在语言学界以介绍索绪尔理论的方式引入我国，到1986年符号学基础理论研究开始繁荣，以研读介绍西方理论为主[1]。进入90年代，《理论符号学导论》（李幼蒸，1994）、《意义与符号》（苟志效，1999）、《符号学研究》（王铭玉，2001）等成果的出现，标志着中国已开始建立自己的符号学理论体系。

几乎与引进西方符号学理论同步，我国学者开始关注符号学的跨学科应用研究，早期集中在电影符号学、建筑符号学和地图符号学等领域，并主要关注对西方结构主义理论的吸收与运用，如《梅茨电影符号学述评》（伍菡卿译，1980），《结构主义与电影美学》（李幼蒸，1980），《试论现代地图学的体系》（廖克，1983），《语言、符号及建筑》（项秉仁，1984）等。20世纪80年代中后期开始出现了一系列在各学科中运用符号学的文章，从语言文学中的符号学讨论逐渐延伸到非语言符号领域，如传播、影视、社会、文化、美学等方面[2]。建筑、影视、艺术、广告符号学等临近学科的发展，也为设计学界了解符号学提供了丰沃的土壤。王铭玉和宋尧对中国符号学研究20余年的文献做出过系统梳理，认为现阶段中国符号学研究的主要方向为符号学基本理论研究、语言符号学研究、符号学应用研究、文化艺术符号学及文学符号学研究。在文化艺术符号学方面，一部分主要探讨国外文化符号学理论，另一部分试图用符号学方法解释中国的历史文化现象[3]。而后者正是本书关注的重点。

---

[1] 赵毅衡.中国符号学六十年[J].四川大学学报(哲学社会科学版),2012(01):5-13.
[2] 同上.
[3] 王铭玉,宋尧.中国符号学研究20年[J].外国语(上海外国语大学学报),2003(01):13-14.该文献将中国符号学研究分为三个阶段,摘录如下:
1.1980~1986年——起步阶段。自20世纪80年代初起，中国学者开始参与国际符号学学术活动，及时地向国内传达、介绍国际符号学研究动态。从研究内容上看，这个阶段的研究重点是对国外各符号学家主要思想的引介、对符号学基本理论的总体论述和研究工作。
2.1987~1993年——平稳发展阶段。从1987年开始，我国的符号学研究重心逐渐发生转移。第一，从对符号学、语言符号学基本理论的总体的、粗线条的论述转而开始对符号学具体理论的更细致、更深入的分析研究。例如对符号的线性、任意性的讨论，对各符号学在 20 世纪 80 年代末 90 年代初，我国设计学界开始引进和介绍符号学理论，其中《广义符号学及其在设计中的应用》（徐恒醇，1992）是其中较有影响力的著作，该书详细介绍了伊丽莎白·瓦尔特的广义符号学和马克思·本泽的符号学美学理论，其最后一章着重提及了符号学在工业设计和广告设计中的运用[①]。刘观庆于 20 世纪 80 年代末在日本学习后，于 90 年代初在无锡轻工大学开展了产品语意学的教学与研究，拉开了国内产品语意学研究的序幕[②]。

2. 从设计符号到设计语意

1955 年，乌尔姆设计学院的马尔多纳多（Thomas Maldonado）和马克思·本泽（Max Bense）以及符号学家伊利莎白·瓦尔特（Elizabeth Walther）等对皮尔斯和莫里斯的理论做了进一步发展，并对符号学在设计领域的应用做出探索[③]。1965 年，当时在乌尔姆设计学院任教的柏斯普（Gui Bonsiepe）认为所有的视觉传达，除了纯信息设计外，都离不开修辞学的应用[④]。20 世纪 60～70 年代，从事建筑理论研究的学者从符号学视角审视建筑问

家理论的比较研究，第二，符号学作为一门方法论及崭新的学说开始被应用于具体的语言学研究中，如语意学和语用学的研究，第三，符号学研究开始涉及语言学以外的领域，如从符号学角度看翻译、用符号学观点来阐释文学作品的语言艺术等，第四，一些学者开始挖掘中国传统文化中的符号学思想。在此阶段，中国的符号学研究渐成气候。
3.1994 年至今——全面展开阶段。1994 年后，符号学的研究明显地上了一个台阶，符号学的探索在各个领域全面展开。这一阶段的符号学研究有以下几个特点：(1)除了继续对一般符号学和语言符号学理论进行深入地探讨外，还注重引进诸如叙述符号学、社会符号学、电影符号学、话语符号学和主体符义学等其他分支符号学思想；(2)对语言符号学的研究进入了一个更高的层次，特别是我国学者开始对索绪尔的某些观点提出质疑（如符号的任意性问题）；(3)符号学向各个学科的渗透进一步加强，符号学作为一门方法论已被应用于越来越多的领域和学科的具体研究中；(4)对非语言符号的地位、功能开始予以关注，如对体语符号交际功能的探讨和研究；(5)尝试并进一步深化用符号学方法阐释中国的历史文化现象。

① (德)马克斯·本泽,伊丽莎白·瓦尔特.广义符号学及其在设计中的应用[M].北京:中国社会科学出版社,1992.
② 刘观庆.产品语意学初探[J].艺苑(美术版),1995(03):22-23.
③ 胡飞.艺术设计符号的形式、意义及运用研究[D].武汉:武汉理工大学,2002.
④ 庄明振,邹永.视觉传达设计中视觉修辞应用的探讨[J].设计学报,1998(01):101-120.

题,产生了《建筑的意义》(1969)、《建筑中的语言》(1973)等代表作[①]。1978年,在美国密歇根州召开的"国际艺术符号学会议"上,贡布里希(Ernst Gomdrich)发表《图像与代码》演讲,对广告和招贴进行了符号学分析,将符号学引入视觉传达设计,同年威廉(J. William)发表了《广告的解码:广告中的观念和意义》,拉开了视觉传达的符号学研究序幕[②]。美国的克里彭多夫(K. Krippendorf)与德国的布特(R. Butter)在1983年明确提出了产品语意学概念。次年,在美国工业设计师协会(IDSA)所举办的"产品语意学研讨会"对产品语意学进行了定义[③]。产品语意学的出现,是设计从现代主义单一的国际风格向后现代主义多元化风格演变的时期,其设计理论走向扩展和成熟的必然表现。产品语意学强调产品符号除了功能内涵以外,还有必然的人性内涵,即重视产品对使用者产生的文化、社会和心理的影响[④]。1990年,赫尔辛基工业艺术大学举办了国际产品语意学讲习班,产品符号学被推广到欧洲[⑤]。这些西方设计符号学思潮也随着中国学者的引进进入我国。

设计符号学在中国的发展情况与符号学的发展密切相关。我们可将中国设计符号学的发展按时间线索分为引进摸索阶段和理论建立阶段。

(1)引进摸索阶段(1990~2000年):20世纪80年代末至90年代初,随着符号学理论向设计学领域的延伸,设计符号学和产品设计语意学研究开始在我国起步。根据中国知网的检索,设计学科背景学者发表以"设计符号"最早的文献可能是何洁的《创意——体现在符号设计的始终》(1990)、汤志坚的《试论设计语言》(1990)等。随后《产品的语意与认知》(黄世辉,1991)、《操

[①] 胡飞,张曦.意义丛林中的设计探险——20世纪80年代以来符号学理论在中国设计学科中的应用[C]//设计学研究·2015.同济大学设计创意学院,2016:125-144.
[②] 徐恒醇.设计符号学[M].北京:清华大学出版社,2008:7.
[③] 同①.
[④] 张乃仁.设计词典[M].北京:北京理工大学出版社,2002.
[⑤] 胡飞.艺术设计符号的形式、意义及运用研究[D].武汉:武汉理工大学,2002.

纵装置语意学设计研究》（汤志坚，1992）、《产品语意学初探》（刘观庆，1995）、《符号与绘画·设计》（吴耀华，1995）、《立象尽意——当代产品造型及其规范的符号学阐释》（徐恒醇，1996）、《产品语意认知教学研究》（刘观庆，1999）、《设计语意学与语言学的比较》（汤志坚，1999）等是这个时期的代表性文献。在此期间，全国设计符号学相关论文不足40篇，主要集中于对理论介绍或设计应用初探，尚未产生代表性专著。刘观庆的产品语意学教学研究和徐恒醇的设计符号学研究代表了这一阶段的较高水平。马克斯·本泽、伊丽莎白·瓦尔特的《广义符号学及其在设计中的应用》和鲁道夫·阿恩海姆（Rudolf Arnheim）的《艺术与视知觉》（1998）等译著的引进在此阶段具有较大的推动作用。

(2) 理论建立阶段（2000～2006年）：进入21世纪，设计符号学迎来了发展高潮，一批国内设计符号学专著、教材得以发表，如《图形与意义》（尹定邦，2001）、《设计语义学》（舒湘鄂，2001）、《设计的视野：关于设计在大的知识门类之间的位置与状况》（包林，2003）、《设计符号与产品语意》（胡飞、杨瑞，2003）[①]、《设计符号学》（张宪荣，2004）[②]、《工业设计符号基础》（胡飞，2007）[③]、《设计符号学》（徐恒醇，2008）等，对推动我国设计符号学普及做出了重要贡献。值得一提的是，2002年以来，清华美院、武汉理工大学等一系列硕博学位论文的完成，标志

---

① 胡飞,杨瑞.设计符号与产品语义[M].北京:中国建筑工业出版社,2003.书中总结了设计符号学理论框架，通过对图像性符号、指示性符号、象征性符号为主的角度分类以部分中外传统案例简单介绍了符号基于意义表达的性质分类，介绍了符号意义与传达的相关问题，同时对产品语意做了相关阐述和梳理，提出了产品语意的设计要素与程序。
② 张宪荣.设计符号学[M].北京:化学工业出版社,2004.书中通过一般符号学、语言符号学的研究和理解，系统地介绍了设计符号学方法论，也对应用这门学科进行设计实践起到了探讨和思考。
③ 胡飞.工业设计符号基础[M].北京:高等教育出版社,2007:16.该书是我国设计符号学领域重要的教材之一，对设计符号从语言符号学开始进行了多个专题的梳理，并总结了设计符号的应用程序和作为工业设计方法论的符号学，此书是基于现代设计研究的符号学著作，更系统、更科学地吸收了语言符号学研究的成果和理论，可以说比前书更深了一步，但作为系列教材的一部分并未对我国传统符号做专题研究。

着设计符号学开始向平面设计、展示设计、环境设计等应用方向开展理论延伸,较有代表性的有《艺术设计符号的形式、意义及运用研究》(胡飞,2002)[①]、《艺术设计符号学在环境艺术中的运用研究》(王刚,2003)[②]、《平面设计的符号学研究》(海军,2004)[③]、《基于产品造型的设计符号学研究》(张帆,2006)[④]、《展示设计中的符号学研究》(徐光,2006)[⑤]、《设计符号在招贴广告信息传播中的应用研究》(李彦艳,2007)[⑥] 等。在产品语意学方面有《产品的意义阐释及语意构建》(王方良,2004)[⑦]、《基于意象的产品造型设计方法研究》(孙菁,2007)[⑧] 等。此阶段在对西方设计符号学思想引进消化的基础上,中国学者积极与本专业领域结合,初步建立起了我国设计符号学理论框架。尽管该领域研究呈现一片繁荣现象,但无疑存在着诸多不足,尤其体现在以下方面:

设计符号学系统研究缺失:尽管在符号学角度根据莫里斯的一般符号学(符号的语意、语构、语用)相对应的产品语意学、产品语用学、产品语构学学科体系被提出[⑨],但后两者的研究在世界范围内还是相对滞后于前者。在中国,相较于人机工程学和产品语意学,设计符

---

① 胡飞.艺术设计符号的形式、意义及运用研究[D].武汉:武汉理工大学,2002.
② 王刚.艺术设计符号学在环境艺术中的运用研究[D].武汉:武汉理工大学,2003.
③ 海军.平面设计的符号学研究[D].北京:清华大学,2004.
④ 张帆.基于产品造型的设计符号学研究[D].杭州:浙江大学,2006.
⑤ 徐光.展示设计中的符号学研究[D].武汉:武汉理工大学,2006.
⑥ 李彦艳.设计符号在招贴广告信息传播中的应用研究[D].昆明:昆明理工大学,2007.
⑦ 王方良.产品的意义阐释及语意构建[D].南京:东南大学,2004.采用符号学的观点和现象学的分析方法,解释了产品语意现象的普遍规律并总结了产品的三大语意特征,划分了产品的意义层次结构,提出了形态语意塑造的多条原则,并提出有效的方法体系,属于方法论研究。
⑧ 孙菁.基于意象的产品造型设计方法研究[D].武汉:武汉理工大学,2007.以感性工学研究方法,采用调研问卷和数值分析给出了计算机表达方法和应用模式并应用特征建模技术、灰色理论、神经网络以及遗传算法建立产品造型模式,并提出相应的产品配色模式,此文对设计学的量化研究探索具有一定参考价值。
⑨ 王方良.论产品语意的层次特征和创生机制[D].北京:北京理工大学,2001.该文献指出:符号意义、符号使用者为符号学的主要因素,它们构成符号学的理论体系,相对应分别为:语构学,研究符号的组成关系,亦即符号系统中的相互关系;语意学,研究符号所表达的意义,即符号与意义之关系;语用学,研究符号的来源、用途及符号对使用者的效应。

号学的系统研究相对滞后，尤其是作为理论工具开展中国传统文化设计思维的系统研究更为缺失。符号学理论认为，符号的性质主要分符号实体（即符号的物理存在性）与符号的形式（即传达的感知性、生成的动机性以及符号的分节性）。目前学界的研究多局限于符号实体层次，对符号的形式研究不够全面，研究多集中于某类相似意义符号的归纳梳理，没有对特定符号的传达感知（语用）、生成动机（语意）、符号分节（语构）做系统研究，系统的缺失导致我们对一个符号理解程度仅限于认识符号指代意义的阶段，尚无法将传统符号形式认识上升到传统设计思维高度，也就无法使用这种认识解决当代设计问题。

产品语意学理论存在缺陷：传统符号的编码传达对象多为象征意指，如何将偏重象征的传统符号与偏重功能的现代设计完美结合，是当下理论研究追求的目标，因此设计符号的语意维度研究非常重要，但产品语意学毕竟是一门新兴的学科，许多理论还不完善，面临的一些难题有待解决：首先，产品语意学是设计学与符号学结合的产物，是产品进入电子化后提出的一个新的概念，产品语意学产生的背景来自于使高科技、高技术化时代具有复杂技术内涵的产品，也始终保持其解码和操作的简易性和大众化[①]。因此，产品语意学理论天然地偏向功能性语义的传达，在象征意义传达角度理论深度不足。其次，产品语意学作为一种赋形理论还具有很多先天的缺点，比如内涵的不确定，解码过程的不一致等现象没有做出合理的解释和说明，限制了其发展[②]。

设计功能性语意研究不足：当代产品语意学理论认为"功能是产品系统所体现出来的外部意义"[③]，因此，设计符号的功能性语意可分为外延意指功能与内涵意指功能两方面，我们往往只研究一类符号的外

[①] 张乃仁.设计词典[M].北京:北京理工大学出版社,2002.
[②] 王方良.产品的意义阐释及语意构建[D].南京:东南大学,2004(03).该文章还指出限制产品语意学发展的一系列难题：如语意传达的准确性与消费者个性化之间的矛盾，同类产品操作符号系统由不同符号体系构成带来的混乱，追求寓意的丰富而忽视了功能使产品流于形式，各地域文化的差异性给语意带来极大的模糊性，等等。
[③] 吴志军,那成爱.符号学理论在产品系统设计中的应用[J].装饰,2004(07):19.在该文献中对功能和意义的关系有如下论述：功能是产品系统所体现出来的外部意义，是作为媒介关联物的产品与外部环境相互联系和作用过程的秩序及能力。功能作为产品符号的目的性，作为设计的最终目标，是产品符号系统的深层结构关系，而功能又必须通过产品符号系统的表层结构——产品要素和结构来实现，所以产品系统的功能是通过产品符号意义的内涵表现出来的产品符号意义外延，其实现过程正是产品符号的解释关联物发挥作用的过程，也是产品在人们的心灵中唤起观念的符号化的过程。

延或另一类符号的内涵，恰恰忽略了这两部分如何辨证统一地存在于一个造型符号之上的问题。我们更应该清醒地认识到，即便是致力于产品语意学研究的专家，也多偏重于产品语意学的现代设计应用及其学科普及，本课题将在研究过程中弥补上述缺陷。

语意固然重要，但语构也需关注①，传统文化中特殊的设计符号组合构成手段，同样是民族文化符号视觉表现的主要方面。因此，我们必须上溯到语意学、语构学的上层理论——符号学，以此为理论工具去分析中国传统文化，才能获得相对科学系统的结论，这也正是开展本研究的初衷。

3. 从视觉修辞到设计修辞

设计修辞是设计符号学的理论分支，是探讨运用符号完成设计的方法手段的专门学问。"修辞"的本意是利用语言手段达成更优异表达效果的一种语言组织活动，关注运用语言的方式、方法或技巧。在设计符号学视域下，设计修辞更关注设计创意手法的思维指导价值，关注各类修辞手段在符号编码与解码过程中的效果与效率。由于修辞往往决定了设计作品的创意感官评价，故设计修辞研究对设计创意阶段具有更为具体直接的理论价值。

随着学科界限的模糊，设计修辞与传播学者所关注的"视觉修辞"在许多研究目标上是一致的（如广告画面），而传播学者具备更为扎实的语言学和符号学背景，往往分析问题的深度和视角远高于设计学者，故研究"设计修辞"，"视觉修辞"的研究现状是一个不可回避的问题。

---

① (法)A·J·格雷马斯.结构语义学[M].蒋梓骅译.天津:百花文艺出版社,2001.格雷马斯认为:"叙述符号学的主要任务是研究叙述内容（即所指）的结构。而叙述内容又分为两个部分：语意和语法。语法构成叙述内容的组合，语意则给组合中的各单位以特定的含义。"这段评价让我们明确两个问题：第一，叙述内容（即所指），亦即设计物的指涉意义分析应是开展本研究的切入点；第二，对指涉意义的研究，重点要关注语意和语法（即语构）。

(1) 国外视觉修辞发展

  西方视觉修辞研究起源于语言修辞学传统，但真正作为一个学理问题源自新修辞学的兴起和视觉传播的发展，并随之以"视觉修辞"为名作为修辞学研究的子领域开始崛起。1964年，结构主义思潮代表人物罗兰·巴特在《图像的修辞》中首先提出在图片广告中寻找传统语言学中修辞手段的图片形式对等物[①]，该文章与随后面世的鲁道夫·阿恩海姆的《视觉思维》(1969)、约翰·伯格的《观看之道》(1972) 被并称为视觉修辞起源的三大奠基性成果[②]。此后杰克斯·都兰德（Jacques Durand）在巴特的研究基础上对广告图片中的修辞做了更加全面系统的阐述[③]。金罗斯（Kinross）在1985年提出，即使纯粹的信息设计，也需要视觉修辞的成分[④]。20世纪80～90年代后，视觉修辞的研究范畴已经不再局限于"修辞图像志"和"修辞图像学"，而是尝试回应现实空间的诸多视觉对象和实体，开始了向"视觉修辞"的转向[⑤]。1985年理查德·布坎南（George Richard Buchanan）在《设计宣言：设计实践中的修辞、说服与说明》中指出，设计的目的是沟通，及透过沟通后的说服，这些都具有视觉修辞成分，需要发展出一套设计视觉修辞理论[⑥]。1996年，克雷斯（Gunther Kress）和凡·勒文（Theo Van Leeuwen）出版了《解读图像：视觉设计的语法》，解答了视觉图像有没有"语法"的问题。同时将视觉对象

[①] 王佳.解读当代华语电影海报设计中的视觉修辞语言[J].装饰,2012(07):94-95.
[②] 刘涛.视觉修辞的学术起源与意义机制：一个学术史的考察[J].暨南学报(哲学社会科学版),2017,39(09):66-77+130.
[③] 冯丙奇.视觉修辞理论的开创——巴特与都兰德广告视觉修辞研究初探[J].北京理工大学学报(社会科学版),2003(06):3-7.该文指出：巴特与其弟子都兰德等首先提出要有一个"修辞研究的视觉转换"，也就是说"在视觉成分的运用现象中寻找传统语言学修辞研究中已经基本确定的各种修辞手段"，或者更简单地说"就是要在视觉传播领域中寻找语言学修辞手段的图片性对等物。"
[④] 庄明振,邹永.视觉传达设计中视觉修辞应用的探讨[J].设计学报,1998(1):101-120.
[⑤] 刘涛.视觉修辞的学术起源与意义机制：一个学术史的考察[J].暨南学报(哲学社会科学版), 2017,39(09):66-77+130.
[⑥] 周洁.基于视觉修辞的视觉素养培养探究[D].扬州:扬州大学,2011.

进一步延伸到视觉传播的其他领域：更大范围的大众媒介材料、科学或其他图式、地图与图表、视觉艺术，也开始关注空间化存在的视觉传播对象，如雕刻、儿童玩具、建筑等物体[①]。进入21世纪，视觉修辞研究的文本形态、理论和方法问题进一步得到拓展。2003年，基思·肯尼（Keith Kenny）与琳达·斯科特（Linda M. Scott）合作的《视觉修辞文献回顾》对视觉修辞文献进行了综合梳理。2004年，查理斯·希尔（Charles A. Hill）和玛格丽特·赫尔默斯（Marguerite Helmers）合编了视觉修辞领域第一本学术著作《定义视觉修辞》（Defining Visual Rhetorics）[②]。麦考瑞（McQuarrie）和菲利普（Phillips）一直致力于广告图像中的隐喻研究方法，并于2004年在《超越视觉隐喻：广告视觉修辞的新类型》中提出了一种新的类型学，根据复杂程度和模糊性来区分九种类型的视觉修辞形象[③]。埃泽斯（Ehses）的《基于修辞的设计》（Design on a Rhetorical Footing）（2008），开发了平面设计产品的实用框架。他描述了修辞概念的应用，如修辞情境和修辞经典，但特别强调修辞诉求和修辞手法[④]。近年来，随着更新的设计媒介出现，西方传播学界把设计修辞的研究目标从展览、景观、影视作品拓展到新媒体、数字艺术等多模态新兴领域中。

（2）国内视觉修辞发展

1932年，陈望道受西方修辞学思想的影响，著述了《修辞学发凡》，标志着中国修辞学作为一门独立学科诞生，并且构建了消

[①] 刘涛.视觉修辞的学术起源与意义机制:一个学术史的考察[J].暨南学报(哲学社会科学版),2017,39(09):66-77+130.
[②] 同上.
[③] 薛婷婷,毛浩然.国外视觉修辞研究二十年:焦点与展望[J].西安外国语大学学报,2017,25(3):29-34.
[④] Mejía G M, Chu S."Rhetorical ability": reason, emotion, and character as heuristics for evaluation of efficacy in design[C]//International Conference Design & Emotion.2014,1-2.

极修辞和积极修辞两大分野的修辞学体系①,其中对修辞格的划分一直对当前的修辞学者产生着深刻影响。整个 20 世纪,中国的修辞学研究主要集中在语言修辞学的修辞学理论、中国修辞学史、修辞手法、中国修辞史的研究上②。2000 年以来,中国修辞学开始了积极外拓,文化研究界大量译介了西方当代图像研究和视觉文化研究的著作。随着广告业的繁荣和传播媒介的日新月异,视觉修辞开始受到传播学者的注目。

国内学界明确提出视觉修辞概念的是北京大学新闻与传播学院的陈汝东。在《论视觉修辞研究》(2005)中,陈汝东把视觉修辞分为三个方面:语言视觉修辞、图像视觉修辞、综合视觉修辞③。冯丙奇的《视觉修辞理论的开创: 巴特与都兰德广告视觉修辞研究初探》(2003)详细介绍了罗兰·巴特和都兰德的视觉修辞理论④。关于视觉修辞的理论研究还散见于国内学界关注的图像转向、读图时代的文学终结论等问题的研究中⑤。此外,广告视觉修辞一直是核心阵地之一,如我国台湾地区的论文《不同年龄层及教育程度之消费者对隐喻式广告的理解度之探讨》(王庆荣,2006)⑥ 中,对隐喻式广告做了定义和类型划分,对其解读效果做了不同人群的调查研究⑦,是较早开始研究修辞效果的论文。

视觉修辞作为修辞学研究的分支,一方面在特定案例研究分析水平上远高于设计学界,另一方面由于此类学者与设计学界的学科差异,导致研究目的的不同:前者更关注现有视觉案例传播产生的

---

① 王佳.基于修辞理论的交互界面设计符号研究[D].北京:北京理工大学,2011:15-34.
② 刘晓燕.中国视觉修辞研究的进路[J].长江师范学院学报,2008(01):53-56.
③ 陈汝东.论视觉修辞研究[J].湖北师范学院学报(哲学社会科学版),2005(01):47-53.
④ 冯丙奇.视觉修辞理论的开创——巴特与都兰德广告视觉修辞研究初探[J].北京理工大学学报(社会科学版),2003(06):3-7.
⑤ 刘晓燕.中国视觉修辞研究的进路[J].长江师范学院学报,2008(01):53-56.
⑥ 王庆荣.不同年龄层及教育程度之消费者对隐喻式广告理解度之探讨[D].新竹:台湾清华大学,2006.
⑦ Mejía G M, Chu S."Rhetorical ability": reason, emotion, and character as heuristics for evaluation of efficacy in design[C]// International Conference Design & Emotion.2014,1-2.

效果，后者需要同时关注设计物的设计思维及符号结合手段等根本问题，故"视觉修辞"研究不能替代"设计修辞"，需在设计领域建立自己根本的理论体系。

（3）国内设计修辞发展

尽管 21 世纪以来我国设计符号学研究一片"表面繁荣"，但以"设计修辞"为关键词的文献平均一年不到 6 篇，且多集中在应用研究层面。由于修辞本身的复杂性与多义性，分析二维目标具备更好的研究条件，故平面设计领域占比最多，其他文献集中在工业设计、环境设计、数字媒体等方面。目前我国尚无设计修辞学专著，设计修辞理论多以设计符号学专著下属章节的形式体现。

我国设计修辞研究最早见诸于花景勇的《关于设计中形态修辞的思考》(2000)，从阐释学的角度把设计中的形态语言划分为三个层次：形式语言、修辞语言和审美语言，其中把第二层的修辞语言再次划分，一是选词、炼句、调音、设格；二是修辞设置，并对工业设计产品中的部分修辞手法如戏拟、反讽做了简单介绍[①]。同年的《隐喻与转喻——舞台设计的修辞模式》（胡妙胜，2000)，则显然受到雅各布森的修辞两极分类法影响[②]，随后的《设计语言中的形态修辞》（花景勇，2001)、《标志中的夸张技法》（郭茂来、郭曼琳，2001)、《修辞·空间》（张莉、张应鹏，2005）是较早的修辞学论文，代表了设计修辞学在国内的发端。自 2005 年以来，伴随着设计符号学研究热度的攀升，设计修辞研究开始正式起步。

西方视觉修辞学家认为，视觉修辞在研究方法上存在着殊途同归的两大分野：一种是假定视觉符号与语言符号在修辞上具有相

---

① 花景勇.关于设计中形态修辞的思考[J].湖南大学学报(社会科学版),2000(S3):195-199.
② 胡妙胜.隐喻与转喻——舞台设计的修辞模式[J].戏剧艺术,2000(04):4-21.

同的话语体系，可以使用语言学中的修辞建构及理论来阐释、分析设计作品。第二种则认为视觉符号与语言符号在很多方面存在巨大差异，需要专门的理论去解释视觉符号如何产生修辞效果[1]。在中国，"语言派"可分为三类：借鉴西方语言方法、借鉴中文语言方法、二者折衷的方法。"非语言结构派"的研究者则试图通过对设计案例的理解分析修辞效果。

基于西语理论的"四分法"：始于《语意的传达：产品设计符号理论与方法》（陈浩等，2005），该书通过对西方理论的解读将修辞分为隐喻、换喻、讽喻、提喻四大类[2]。随后的《工业设计符号基础》（胡飞，2007）正式将设计修辞以独立体系辟为一章，并提出了当代设计正向修辞转向的观点，结合对西方符号学理论的辨析，依据"隐喻、换喻、讽喻、提喻"的四分法将设计的修辞进行了分类阐述[3]。需要指出的是，四分法实质上是探讨设计符号"题材来源"维度的四种方式，并不适用于设计修辞的"组合关系"和"形式特征"维度。四分法具有简单易分的特点，但较粗略的大类划分不利于指导应用设计，亟需理论界进行后续的下位修辞格深入研究。

基于中文理论的"对照法"：除去关注"题材来源"的四分法，国内学界也尝试对"组合关系"修辞展开类型研究，一般采用的方法是对标中文修辞格进行设计代入工作。如李乐山将图文设计修辞与陈望道的修辞划分法结合，提出了明喻、转喻、提喻、寓意、双关等五种修辞格[4]。也有专注某一类修辞格进行更为深入的探讨，如《产品设计中的夸张修辞研究》（陈烨，2006）[5]。

非语言架构分类法：如《修辞技巧在包装设计创意中的应用》（蒋丽，2007）根据在设计中"素材"和"发明物"之间体现在视觉语言

---

[1] Foss,S.K.Framing the study of visual rhetoric: Toward a transformation of rhetorical theory[A].In Hills C.A.&M.Helmers(eds).Defining Visual Rhetorics[C].New Jersey: Lawrence Erlbaum Associates,Inc.2004:303-314.
[2] 陈浩,高筠,肖金花.语意的传达:产品设计符号理论与方法[M].北京:中国建筑工业出版社, 2005.
[3] 胡飞.工业设计符号基础[M].北京:高等教育出版社,2007:146-182.
[4] 李乐山.符号学与设计[M].西安:西安交通大学出版社,2015:85-94.
[5] 陈烨.产品设计中的夸张修辞研究[D].长沙:湖南大学,2006.

修辞中的关系,将设计修辞法分为四类:对比法、类比法、临近法和分级法[①]。张凌浩在《符号学与产品设计方法》(2011)中,辨析了四分法的不足,提出"实体符号的视觉表现方法"可分为强调、引用、重构、寓意、抽象、装饰、拼接置换、想象等八大类和若干子类[②]。

设计修辞应用研究:这一类研究主要是运用隐喻修辞理论对某个设计目标进行应用研究。如《网页界面设计的隐喻要素研究》(卢荣青,2007)、《隐喻类比运用于产品形态设计之研究》(江日玮,2007)、《隐喻手法在造型创新设计上的应用——以生活用品为例》(吴佩瑜,2007)等。值得一提的是在应用研究方面,我国台湾地区的科学性较强,尤其在案例选用、用户调研、样本数量、定量分析等方面显然领先于大陆地区。

综上所述,学界主要关注修辞格的划分和应用修辞研究,但存在以下问题:第一,设计修辞格的分类问题存在较大学术争议,尚无权威的学界定论和系统梳理,中国学者的修辞学研究普遍受语言学修辞学理论影响,包括罗曼·雅各布森(Roman Jakobson)的二分法,海登·怀特(Hayden White)的四分法,部分学者结合中文修辞学对修辞格的划分开展了尝试,但还需要更为系统的研究;第二,设计修辞的若干关键问题如信息采集、认知分级、风格特征、修辞评估等的理论引进及构架尚较少有学者关注;第三,大陆学者对"设计修辞"的研究广度足够,但深度远不如"视觉修辞"研究,在研究方法上与临近学科或台湾地区设计学科同行相比也存在差距。

三、设计学科与传统文化研究

21世纪以来,设计学科开始通过符号学探索中国传统设计文化现象,并在此领域取得了快速发展。相关研究大致可分为"用符

---

① 蒋莉.修辞技巧在包装设计创意中的运用[D].成都:四川大学,2007:24-41.
② 张凌浩.符号学产品设计方法[M].北京:中国建筑工业出版社,2011:183-197.

号学方法研究传统设计文化""传统文化的当代设计应用机制研究"和"当代文化型设计案例研究"三大方向，另有一类并非运用了设计符号学理论，而是通过分析传统造物文化的方式，从中总结传统设计观与设计思维模式，也对本研究颇具参考价值，这些研究共同勾勒出设计学科在传统文化研究领域的整体面貌。

1. 用符号学方法研究传统设计文化

第一代掌握符号学方法的传统工艺美术史学者，尝试引用这一全新理论工具探析传统文化中特定主题图案的设计规律。较有代表性的是《风格与象征魏晋南北朝莲花图像研究》（袁承志，2004）[1]，该文结合了图象学、符号学和艺术风格学研究方法，对莲花图像符号进行了系统的断代史研究，并提出了符号发展的自律性结论。通史方面较有代表性的有《中国古代植物装饰纹样发展源流》（张晓霞，2005）[2]、《传统蝙蝠纹样艺术符号研究》（张智艳，2009）等[3]，此类研究均解决了某一符号题材的系统研究问题。更多的学者则从"载体"角度出发探寻其装饰符号设计规律，如《明清家具的符号学研究及其在中式家具设计中的应用研究》（张杨，2007）是以"家具"为器物限定载体[4]，《四川茂汶理羌族设计的文化生态研究》（张犇，2007）[5]、《凉山彝族服饰设计符号研究及传承与利用》（冯燕，2008）[6] 等则是以"少数民族"为文化限定载体，而《春节文化符号的再设计研究》（章洁，2008）[7] 则是以"春节"为文化活动限

---

[1] 袁承志.风格与象征魏晋南北朝莲花图像研究[D].北京:清华大学,2004.
[2] 张晓霞.中国古代植物装饰纹样发展源流[D].苏州:苏州大学,2005.
[3] 张智艳.传统蝙蝠纹样艺术符号研究[D].株洲:湖南工业大学,2009.
[4] 张杨.明清家具的符号学研究及其在中式家具设计中的应用[D].哈尔滨:东北林业大学,2007.
[5] 张犇.四川茂汶理羌族设计的文化生态研究[D].苏州:苏州大学,2007.
[6] 冯燕.凉山彝族服饰设计符号研究及传承与利用[D].苏州:苏州大学,2008.
[7] 章洁.春节文化符号的再设计研究[D].无锡:江南大学,2008.

定载体。更具价值的是，一批学者开始将符号学与定量分析方法结合，如《蒙古族传统家具装饰的研究》（张欣宏，2006）[①]、《明清家具雕刻装饰图案现代应用的研究》（余肖红，2006）[②]、《中国传统家具装饰的象征理论研究》（何燕丽，2007）[③]等。整体来说，尽管此类研究所涉及的符号学理论并不深入，但在传统工艺美术研究中引入符号学，以及"符号学+量化研究"的系列探索，无疑具有相当强的理论价值，是符号学研究的理论拓展。

2.传统符号的当代设计应用机制研究

如何挖掘传统文化视觉符号的当代文化价值，使之运用于现代设计，一直是近年来学界持续探索的重点，该领域研究与前述部分相反，呈现出从传统文化到当代设计的研究路径，重在分析总结传统符号的特征规律，并探析其在当代设计中的应用机制。祝帅在《在本土与全球之间》中[④]，通过中国先秦设计思想文献梳理与现代阐释、中国现代平面设计与传统文化的历史联系、中国当代平面设计师个案研究三大板块，近二十个专题，展开了对"平面设计本土化"这一议题的全面讨论。其他学者则从对传统图案、纹样、字体等符号分析入手，探析在当代设计的各个专业领域的应用方法，如《试论中国传统图案在现代标志设计中的传承与发展》（张榕蓉，2004）[⑤]、《中国传统吉祥纹样在现代室内设计中的运用研究》（罗

[①] 张欣宏.蒙古族传统家具装饰的研究[D].北京:北京林业大学,2006.该文认为蒙古族传统家具是装饰符号的载体，将家具装饰符号分解为蒙古族家具文化与蒙古族家具二元，围绕文化与符号、符号与家具、家具装饰符号设计展开研究。经分层抽样调查,针对样本中出现的装饰类型分类统计得到114种符号并归结为史前文化、游牧文化、中原文化、宗教文化、藏族文化、蒙古族文化等6项指标。使用主因子分析法,根据6项指标的因子载荷得出影响蒙古族家具设计的文化特征。
[②] 余肖红.明清家具雕刻装饰图案现代应用的研究[D].北京:北京林业大学,2006.
[③] 何燕丽.中国传统家具装饰的象征理论研究[D].北京:北京林业大学,2007.
[④] 祝帅.在本土与全球之间[D].北京:中央美术学院,2006.
[⑤] 张明.汉字意象思维和中国视觉设计[D].苏州:苏州大学,2007.

燕，2006）[①]、《汉字意象思维和中国视觉设计》（张明，2006）[②]、《中国传统图案在现代标志设计中的运用》（何晓丽，2007）[③]、《中国传统图案在现代招贴设计中的应用》（彭静，2008）[④]、《中国传统文化符号在建筑设计中的应用研究》（代峰，2008）[⑤]等均是此类研究的代表。少数民族文化研究也是一大热点，如《东巴视觉艺术符号的特征分析及其在现代设计中的应用研究》（吴志军，2008）[⑥]等。

3. 文化型设计的当代案例研究

此类研究则从"设计结果"入手，常用模式往往遵循"符号学＋案例分析→设计思维"路径，直接研究业界公认的当代成功设计案例，分析其文化性设计的理念方法，以此为角度回答传统文化的当代利用问题。此类研究多为篇幅较短的学术论文，受篇幅所限，显然无法详细论证这一宏大议题，相对来说产生的硕博论文或专著级别成果较少。较有价值的是《通过产品语意塑造中国特色设计文化的探讨》（周鹏，2008）[⑦]，该文分析了一系列公认有中国文化特色的现代产品设计案例，比较产品设计观念发展及其与中国传统文化的共通性，提出了通过产品语意理论塑造中国特色设计文化的方法。刘菁在《图形语言的创意性和文化性研究》中从图形语言符号性分析入手，对福田繁雄、靳埭强、余秉楠等大师及作者本人的招贴设计作品加以分析，探析图形语言创意思维及其文化性。张娜在《传统文化符号的设计学意义》中以当代招贴设计展开分析，阐

---

① 罗燕.中国传统吉祥纹样在现代室内设计中的运用研究[D].重庆:重庆大学,2006.
② 张明.汉字意象思维和中国视觉设计[D].苏州:苏州大学,2007.
③ 何晓丽.中国传统图案在现代标志设计中的运用[D].广州:华南师范大学,2007.
④ 彭静.中国传统图案在现代招贴设计中的应用[D].扬州:扬州大学,2008.
⑤ 代锋.中国传统文化符号在建筑设计中的应用研究[D].长春:东北师范大学,2008.
⑥ 吴志军.东巴视觉艺术符号的特征分析及其在现代设计中的应用研究[D].昆明:昆明理工大学,2008.
⑦ 周鹏.通过产品语意塑造中国特色设计文化的探讨[D].武汉:武汉理工大学,2008.

述了符号学原理与中国传统文化符号的联结关系①。

4.传统设计观与设计思维方法论研究

　　中国传统造物文化研究在国内起步较早，在工艺美术史研究领域已取得丰硕成果，张道一、王家树、常莎娜等老一代前辈及他们的学生均在不同阶段、不同专题领域作出了突出贡献，可以说已基本描述出中国传统造物思维模式特征，并对传统造物观的上层意识与成因、传统工艺的风格流变等达成了相当的共识，这为传统文化设计符号学研究奠定了坚实的理论基础。20世纪90年代以来，随着设计学科建设进入快速发展阶段，科研能力不断升级，"工艺美术"加速向"设计"转向，"造物"概念加速向"设计"转化，该领域的学术研究呈现出一片繁荣景象，传统设计观、设计方法论等热点议题，被不断提出的带有试验性质并需要经过时间检验和后来者不断完善的理论体系所迭代。尽管这些理论并不完美，但确是中国本土设计思维方式的有益探索，也是建立中国自己的设计学理论的必经阶段。较有影响力的文献有中国台湾学者杨裕富的《创意活力——产品设计方法论》，该研究基于中西方思维模式比较，提出中国人的思维模式是一种基于天、地、人三才的"有情的宇宙观"②。柳冠中先生则认为"设计是人为事物"，提出了"设计事理学"，并以该理论作为基本方法，指导了"中国传统设计思维方式探索"系列论文，分别以对我国传统影响至深的五行符号——"金、木、水、火、土"进行分类专题研究。以胡飞的博士论文"金"专题为例，通过三个传统造物的金属器物——钟、钺、锁为研究案例，以历时性和共时性研究为范式，总结出金属造物的规律，从

---

① 张娜.传统文化符号的设计学意义[C]//汕头大学长江艺术与设计学院、清华大学美术学院."岁寒三友——诗意的设计"——"两岸三地"中国传统图形与现代视觉设计学术研讨会论文集,2004:11.
② 杨裕富.创意活力——产品设计方法论[M].长春:吉林科学技术出版社,2004.

而提出"巧适事物"的传统设计观,并构建了以事理学为理论框架的金属造物的宏观逻辑和微观动因[①]。吴卫则从"水"角度审视中国传统文化,他在博士论文《器以象制 象以圜生——明末中国传统升水器械设计思想研究》中对升水器械功能性部件之间产品语构做出了细致研究,为后人提供了宝贵的研究方法参考[②]。

上述研究实现了我国传统文化研究与设计符号学的初步融合,但在下述方面需要后来者引起重视:

传统文化符号类型学研究缺乏。包括传统文化分层研究,设计符号的分类分级研究、相同所指意义的能指形式梳理(纵聚合集群研究)等问题。

历时性与共时性综合研究缺乏。尚未建立起"时空观"的设计符号研究视角,尤其是相同所指意义符号在不同的地域文化中的能指形式差异,即共时表达多样性研究,符号意义的溯源、流变、灭失研究,符号形式的演进情况研究,符号演进的内外部动因研究等方面理论探索不足。

传统设计符号语构学研究缺乏。在传统设计造物行为中,设计符号的语构规则,如同语言一样,均具有本土文化特征。因此,要明确哪些构成组合关系是民族特色,哪些构成组合关系是民族禁忌。目前我们在传统器物与纹样的符号学研究中呈现的主次关系研究、构成法则研究、法则成因研究等问题常被忽略,呈现出"重语意轻语构特征",需引起相当的重视。

整体来看,目前我国设计学科的符号学理论储备不够充分,中国特色的设计符号学理论体系尚未建立,还无法开展系统有效的传

---

① 胡飞.中国传统设计思维方式探索[M].北京:中国建筑工业出版社,2007:12.
② 吴卫.器以象制 象以圜生——明末中国传统升水器械设计思想研究[D].北京:清华大学,2004.该文探讨五行之水和人为事物的对应关系,并着重对水的人为事物进行了分类。挖掘其形而上的所蕴含的中国古代升水器械设计思想六大特征:"崇实黜虚,致用厚生""人为物本,物因人用""工役俱省,简易捷利""假物役机,凭智巧先""随地所宜,观物取辩""器完不饰,素朴质真"等。

统文化设计符号学研究,这也正是传统符号的语意学研究偏多、语构学研究偏少现象的成因。该领域研究长路漫漫,需要后来者不断探索,本研究正是在这条探索之路上迈出的一步。

四、走向设计符号学

经过多年积累,以传统器物纹样入手研究传统设计观与设计思维,已经很难再有创新点,从"天时地气材美工巧"到"师法自然、巧法造化"再到"巧适事物";从"器以藏礼""崇实厚生"到"器以象制,象以圜生"和"制器尚象",研究结论已相对明确,并已在学界基本达成相当程度的共识[①]。因此,我们应抛开纯粹面向过去的史论研究,转向从"设计视域"观察传统文化现象,探索传统造物思想与当代设计思维中的共通模式,寻求有效的创新设计程序方法,梳理传统设计元素的分类分级并考察其创新价值,建立文化创新型设计效果评估体系,从而回答"中国思维模式解决中国设计问题"这一核心问题。我们应当根据现代符号学理论的梳理、检讨与分析,在博采众长的基础上,结合研究目标,选出在学界已得到共识的经典理论应用到本研究中。依托设计符号学的还原主义方法、结构主义方法和符号文化批判三个理论工具[②],制定清晰的研究思路。

以设计思维模式为目标的传统设计符号学研究,应该以"物"为主线,使案例研究根植于扎实的文献研究基础上,并对典型案例

---

① 胡飞.中国传统设计思维方式探索[M].北京:中国建筑工业出版社,2007:2,27-28.
② 胡飞.工业设计符号基础[M]. 北京:高等教育出版社,2007:16.胡飞认为研究设计符号学的基本方法主要有三种,还原主义方法、结构主义方法和符号的文化批判:首先还原主义方法主要用来分析产品形态与意义的关系,即把符号系统还原为各子符号系统、把子符号系统还原为单个符号、把单个符号还原为形式(能指)—意义(所指),而能指和所指还可以更深一步还原为其生成的意义,即外延意义和内涵意义。是采用图象法、指示手法还是象征手法。而结构主义方法重视共时研究,关注事物之间的关系,强调设计作品的符号结构,强调从对象结构的角度把握对象的意义,运用结构主义的分析方法,可以用有限的逻辑前提对其中的过程与意义的模式进行分析与描述。

符号进行深入的切分分析，不仅要考察其符号特征，更要通过设计符号外延与内涵变化探讨这一符号类型的转化与演进规律。因此，本书应在历时性与共时性结合基础上，从古代典型案例研究入手，分析古人在创造约定符号系统时的认知模式、思维模式及其价值结构。另一方面，从传统符号的现代成功设计实践案例分析入手，总结其中体现出的题材选择、组合关系、信道处理等经验做法，总结具有价值的设计思维规律，并在当代文化创新的大视野中加以验证，从而找到一条传统设计符号在现代设计实践中的合理转换路径。具体研究内容如下：

1. 传统设计符号分类分级研究

从辨析中国传统文化概念出发，以符号意义来源分析为视角，明确中国传统符号的范畴、类型、特征，并以传达为目的对中国传统符号展开分层分类研究，由此提出中国传统文化典型代表设计符号库，综合考察典型符号的延续年代，评估其文化代表性，从中选取三个最具影响力且类别差异的典型案例展开详尽研究。本部分的研究目的是通过科学的分类分级，实现由传统造物文化向具体典型符号的降维，将一般性转换为典型性，保证案例研究的深入性。

2. 传统设计符号典型案例研究

分别对选取的三种典型案例进行深入分析，使用符号学理论工具，全方位考察其内涵并分别总结其设计文化意识。从设计符号学角度，案例研究应遵循"语意＋语构""共时＋历时""外延＋内涵"兼顾的原则。从设计修辞学角度，案例研究应关注"题材来源""组合关系""形式特征"兼顾的原则。

考察传统设计符号的过程中，应注重设计语意学、设计语构学、设计语用学研究三者结合[①]，但也应有主次之分。"设计思维模式"这一研究目标，决定了主要关注点在于考察人造物特征向设计编码规律的还原过程，故研究重心应放在设计的语意和语构两个方面，而设计语用则关注信息接受者对符号解释与理解的过程，是设计思维模式的延伸影响和反馈效果，主要目的是解决信息传达效果和信息认知误读问题，不是本研究关注的重点，可作为研究的参考辅助。具体来说：

（1）从传统设计符号语意研究角度看，重点从考察设计符号的外延—内涵、能指—所指概念出发，以符号意义来源为研究导向，兼顾符号形式特征研究，总结符号形式与意义的层次、类型、特征、来源、修辞手法及其与语境的关系。还需考察其符号流变演进情况，分析其形成、发展、灭失动因。在具体选定的代表设计符号案例研究中，应重点关注现代设计与民族文化符号在产品内涵意义上的联系机制、联系手段，并对其形态的稳定特征与可变特征做出判断。

（2）从传统设计符号语构角度看[②]，通过考察代表案例的二维平面符号构成、三维产品符号文本特征，结合系谱轴与毗邻轴分析工具观察其设计语言构成情况，对毗邻轴加以切分，并观察各切分单元的系谱轴符号库，研究其替换性思维规律。此外，在设计修辞学的"题材来源、组合关系、形式特征"体系中，组合关系轴是专门用来探析符号语构规律的概念[③]，而传统文化中不乏存在大量的图形（造型）同构

[①] 李乐山.产品符号学的设计思想[J].装饰,2002(4):4.该文献明确对符号的分类做出了解释：符号学主要包括信息符号、句法学、语意学和语用学。信息符号主要研究象征（symbol）、索引（index）、图形符号（icon）、信号（signal）。句法学研究符号组成句子的规则，语意学研究句子的含义，语用学研究它的应用效果。符号学中提出：人用语言来表示行动，称为词语行动（speech act），它直接与人思维、交流以及行动有关。后来研究集中在两个问题上：人的理解与信息的含义。
[②] 设计符号结构分析中的毗邻轴由可切分的实体构成，表达在符号结构关系中符号要素之间彼此的并列关系和相互价值，这种关系是共存且不可互换的。而系谱轴是毗邻轴上各要素符号与其类似符号的一种纵向聚合关系，是一个潜在的符号库，在某种规则允许下，"非在场"的符号可以对"在场"的符号进行替换，这种符号的替换与变动实现了符号系统重构。
[③] 设计修辞学研究主体在于探析设计方式手段，即设计如何编码。作为符号化思维的

案例，因此，我们可将设计符号学的"系谱毗邻轴"与设计修辞学的"组合关系轴"加以结合考察，从而总结中国设计符号语构特征及其背后的设计思维。

（3）从传统设计符号语用角度看，以研究传统文化设计符号的"当代利用价值"为目标，重点考察传统设计符号的当代人群认知度，分析符号的识别衰减或认知偏差情况，归纳总结出造成这种现象的内在原因，对今后设计实践起到现实的指导作用。

3. 传统文化设计思维研究

先民对宇宙事物发展规律的认识，是传统造物活动中设计符号思维的来源，并深刻地影响了"形而下"的器物形式。因此，探索传统工艺典籍中的设计符号学思想，分析设计案例中体现出的信息设计理念，可进一步加深对先民设计思维规律的认识与了解。将传统典籍中体现出的符号学思想与典型案例呈现出的设计文化意识结合分析，可提出中国传统设计符号的"传统文化显性符号题材来源模型"与"传统文化隐性符号意义来源模型"，并将其结合形成"传统符号设计思维方法系统模型"，构建起设计文化意识到设计思维方式的桥梁。最终面向现代文化符号设计中的应用性目的，描述中国设计符号文化意义来源的整体结构，总结文创产品开发导向下的中国本土设计思维模式，提出以文化创新为目标的产品设计程序与方法，为当代中国设计实践提供理论支持。

动物，人的视觉符号编码行为，本质是通过选择符号题材来源→选择符号组合方式→选择符号表达形式这一路径得以实施，千变万化的创意均来自于上述选择的排列组合。因此，"题材—组合—形式"是构建图形设计修辞学理论体系的三维向度。其中组合关系修辞关注"符号之间以何种方式组合"这一议题，本质在于探究图形间的"编码公式"。正负图形、双关图形等常见概念均来自于特定的组合关系。

第二章 传统造物活动中的设计符号学

图形或造型的起源是劳动[①]。早在原始社会,人们就有了实用和审美两种需求,并且已经开始从事原始的设计活动,并经过约定俗成把图像符号升华为象征符号[②]。从我们祖先的结绳记事到歌舞图腾,都是维护社会传统秩序的信息符号。符号学认为社会之中的每一个人随时随地都在进行着语言与非语言的沟通行为,社会中一直进行传播意义与意识形态沟通[③]。

受索绪尔结构语言学的影响,结构主义叙事学研究的基本方法是结构分析和功能分析,巴特认为文学作品是一个"结构",能像其他科学对象一样被归类和分析,但是这种分析强调作品最终只同自己的语言结构有关,将作品视作一个封闭的环境[④]。因此,某类特定

[①] 郭芳.中国古代设计哲学研究[D].武汉:武汉理工大学,2004:24.作者认为:上古世界,由于生产力极端低下,人们征服自然能力有限,于是对自然界中人们无法理解的现象产生了联想,并将其与自身联系起来,认为万物有灵,出现自然崇拜、图腾崇拜、鬼神崇拜的现象,影响后世的造物文化。
[②] 肖畅.审美符号传播研究[D].武汉:武汉理工大学,2002:2.
[③] 周兴.现代平面设计中艺术符号的研究[D].合肥:合肥工业大学,2006.
[④] 葛慧敏.罗兰·巴特叙事观念的转变及意义[D].上海:复旦大学,2011.该文作者对罗兰·巴特在《叙事作品结构分析导论》中的观点做出如下归纳:"结构主义叙事学认为,故事的结构性质主要表现为三个方面:第一,故事是一个有机的整体,其内部各部分互相依存和制约,并在结构中显示其价值。第二,故事又是一个具有一定转换规律的稳定结构,一方面,故事各要素以及它们的形式连接具有一定之规,其基本语义原型也代代相袭;另一方面,故事又表现出在其固定模式基础上的多种变异增删、缺位、变形等。故事正是通过这种自我调节的动态过程加强其稳定性,并由此构成区别于其他种类的基本性质。第三,故事独立于它所运用的媒介和技巧,也就是说它可以从一种媒介移到另一种媒介,从一种语言翻译成另一种语言。"该模式有利于我们加深对传统文化的结构性质理解。

文化的设计符号学分析原理也等同于上述叙事学研究逻辑。研究中国传统文化设计符号的前提，首先是在特定文化符号系统下，以文化分层论为经，以符号类型学为纬，对传统文化设计符号进行分层分类研究，清晰认识传统造物活动中的设计符号类型，是开展全部工作的前提。我们应从梳理传统造物活动中设计符号的意义来源出发，从"形而上"——即影响中华民族几千年的文化思想根源和"形而下"——即从我国古代有代表性的设计符号入手进行系统分析，探索符号形式来源及其成因背后的文化思想，总结出适合于中国传统文化自身的设计符号学分类体系。在浩如烟海的传统设计符号中，选定最具代表性的经典案例加以分析，是本章研究的主要目的。

一、传统设计思维的符号学解读

思维广义上是相对于物质而与意识同义的范畴，狭义是相对于感性认识而与理性认识同义的范畴[①]。从内在结构看，思维方式是思维主体、思维对象、思维工具三位一体的一种稳定的、定型化的思维结构[②]。思维方式可视作思维的方式，表达了主体思维活动展开的路径，包括思维的视角、规模、范围、方法、手段、习惯、定势等多重涵义；思维方式是文化在不同层面反映的内在结构性要素，设计文化实质上是由设计的观念文化层、设计的组织制度文化层和设计的物质文化层由内到外不断展开的过程。设计思维方式是构成一个设计文化体系最深层、最关键的因素之一，是设计文化体系差别的质的规定性之一[③]。

设计（Design）源于拉丁文，其本义是"徽章、记号"，即事

---

① 中国大百科全书编辑部.中国大百科全书哲学卷[M].北京:中国大百科全书出版社,1987:828.
② 高晨阳.中国传统思维方式研究[M].济南:山东大学出版社,1994:3.
③ 胡飞.中国传统设计思维方式探索[M].北京:中国建筑工业出版社,2007:2,8-9.

物或人物得以被认识的依据或媒介，在中国，设计最初是分开使用的，"设"指预想、策划，"计"指特定的方法策略等。汉语的设计有计划、计谋、策划、意匠、图案等同意词①。设计通过创造性思维来改变物质的自然属性，成为"人为事物"，为人类追求更美好生活和更高发展服务。设计活动的目标是协调人、物、环境关系，使之形成自然和谐的系统，而设计的价值与认同也通过设计物的功能性、机能性、精神性、社会性、心理性、文化性、象征性等方面得以体现。柳冠中先生在《工业设计学概论》中提出"人为事物是设计的本质"②。他认为，人为事物是人类在适应自然并改造自然的过程中出现的。在人类发展过程中的特定历史时期，由于其认识自然、了解社会的程度不同，其改造自然、社会所用的手段也不同，所以这种人为事物的一个显著特征是具有限定性，也就是我们常说的"设计定位"。限定性主要表现在不同的民族、不同的社会制度、不同的文化传统、不同的时代，对适应自然、改造自然以求生存、享受和发展时所用的材料、工艺、技术、生产方式、设计美学等方面存在的差异，因而创造出来的人为事物（工具、用品、居住环境等）就不是单一的，而是多元的。设计（造物艺术）是艺术的原点，它追求的是"文化"背后的、主导整个人为事物系统的思维力量，其主题是"思维"③。所以，不同的民族、时代、经济模式、社会机制等，就会产生不同的设计④。中国古代设计代表了中国民族独特的文化传统和认识自然、适应自然、改造自然的视角，是世界设计史多元文化的重要组成部分。

张道一先生在《工业设计全书》中阐述了设计思维与设计符号的因果关系，他认为：设计是围绕某一目的而展开的计划方案或设计方案，是思维、创造的动态过程，其结果最终以某种符号（语

---

① 李砚祖.造物之美[M].北京:中国人民大学出版社,2000:47.
② 柳冠中.工业设计学概论[M].哈尔滨:黑龙江科学技术出版社,1997.
③ 金银.20世纪80年代之后中国设计艺术理论发展研究[D].武汉:武汉理工大学,2007.
④ 张峻霞.工业设计概论[M].北京:海洋出版社,2008.

言、文字、图样及模型等）表达出来①；根据这种观点，从符号学角度对先民造物的结果加以考察，可进一步还原其设计思维模式。如果把复杂的设计成果如建筑、产品视为一个由多个符号组成的符号文本系统的话，我们可以按照符号的切分性原则对文本加以切分，分析其语构规则或符号意义来源。事实上，这种切分性原则与我国古代占据统治思想地位的儒家的"格物致知"不谋而合。南宋朱熹认为"格物致知"就是研究事物而获得知识、道理。《现代汉语词典》将其解释为："穷究事物的原理法则而总结为理性知识"。古之圣人强调每天格一物，最终获得认识的提高，我们通过对古代视觉案例的符号学分析，也可以管窥古人符号思维模式的基本规律。因此，明确设计符号的类型与层级，是开展后续工作的前提条件。

二、传统设计符号的类型与层级

针对符号的界定，较为流行的说法来自于双重意义学派的思想，即把符号看作是"社会信息的物质载体"，符号必须传递一种被公众普遍认知且有别于其载体本身的信息，而这种信息往往是社会大众所约定俗成的结果②。通过对约定俗成的发端、过程、手段的研究，可以考察符号形成的创造思维主体——古代先民的符号设计思维模式。古谢夫认为认知功能、审美功能和日常生活功能构成了一个不可分割的整体，而这种统一包含在形象——艺术的形式之中③。中国先民造物强调的"制器藏礼""以玉比德"等理念，无不是通过符号承载、传播其特定文化信息，并对设计造物实践活动加以指导。研究符号首先要

---

① 张道一.工业设计全书[M].南京:江苏科学技术出版社,1994.
② 王铭玉.符号学与语言学[J].外语研究,1999(02):6-8.该文献将符号概括为三个必备特征：符号必须是物质的；符号必须传递一种本质上不同于载体本身的信息，代表其他东西；符号必须传递一种社会信息，即社会习惯所约定的、而不是个人赋予的特殊意义。这一观点把符号的物质性和思想性有机地统一起来，因此得到了大多数学者的认可。
③ 张道一,潘鲁生.博士学位论文《民艺学论纲》书选[J].艺苑(美术版),1996(02):54-57.

对符号传播意义进行大的层次类型划分，得到每个层次意义传达的来源和目的，这是探索传统符号思维模式的第一步。

1.传统文化设计符号分类的再思考

（1）物质符号与非物质符号的取舍

设计事理学认为研究"设计"这一人为事物要从"事"和"物"两方面入手。中国传统造物活动中具备独特的"人为事"和"人工物"。在某些对符号比较宽泛的概念和界定中，这分别代表着非物质文化符号和物质文化符号。前者如一些抽象思想、典故、活动行为或工艺手段，如造纸术、天人合一思想、京剧、春节等。后者是有具体中国人文与自然文化所具备独特特征的符号，而这些符号具有明确的视觉形态和物质载体，如龙、熊猫、孙悟空、爆竹、京剧脸谱、旗袍等。

根据符号是"社会信息的物质载体"这一概念的界定，以及设计活动以"物"的设计为主要目的的特点，本书把研究的目光投放在物质层面，重点研究有实际物质意义和视觉载体的符号，避免陷入浩瀚的非物质符号这一抽象又难以研究的范畴。实质上，一些关乎"事"角度的符号概念在某些情况下也可以被"物"所取代，如端午节这一非物质文化活动可以用龙舟、粽子这些物质符号指代，春节可以用鞭炮、年画、桃符等物质符号指代。此外，一些"事理"活动更为抽象与深邃，难以使用符号比拟，如"儒"家关于"理""气"的思想、风水思想等，虽然某种程度可以理解为中国代表的符号，但除了易图中出现的简单几何形式，实际并不存在典型的符号物质载体，较适合通过设计心理学、设计行为学、设计事理学等理论加以分析，不适合用设计符号学学科理论开展详尽案例分析，因此，本书将重在关注物质符号的分层分类研究。

(2) 中国文化符号意义来源的层级划分

符号的分类问题，向来是学界争论不休的议题。王铭玉曾对符号分类做出过较为系统的梳理[①]，可以看出，中西方各学派对符号的分类各持己见，但因分析角度的不同，又都不无道理。从叙事角度来看，罗兰·巴特的文本三层理论最具影响力，他认为文本可分为功能层、叙事层、行为层[②]。实质上，研究中国传统文化设计符号系统的分类，更应该从造物行为的民族性出发展开思考，中国先民几千年来重视"造符尚象""器以载道"的传统，为我们从"意义"入手研究分类问题提供了依据，"符号意义的传达目的"将是本研究中衡量中国传统文化符号的分类标尺，从而得到较为清晰的符号层次，并进一步对各层次符号特征加以分析。

中国传统文化符号的分类不应与西方现代符号学分类体系一致。从民族造物行为的根本性来看，中国传统文化符号的分类原则是以"源"或"体"来分，而不是如西方那样以"流"或"用"来分。前者体现的是宇宙的"大系统"，代表先民对宇宙自然、人与天地的定位关系以及人类活动其中的基本原则、哲学思想、宗教

[①] 王铭玉,宋尧.中国符号学研究20年[J].外国语(上海外国语大学学报),2003(01):13-21.该文献中提出"由于符号的复杂性所致，对符号的分类始终没有统一的认识。美国哲学家皮尔斯根据符号三要素（媒介、对象和解释）的相互关系建立了"符号的三合一分类方法"，其核心类别有三种：图像符号(icon)、标志符号(index)和象征符号(symbol)。意大利符号学家艾柯按照符号的来源、产生方式以及意指功能把符号分成自然事件类、人为目的类和诗意表现类三种类型。美国符号学家西比奥克将符号分为六种：信号(signal)、症状(symptom)、图像(icon)、标志(index)、象征(symbol)，以及名称(name)。中国的符号学研究者对符号的分类问题也极为关注。李延福教授以符号的主、客观性质关系为依据将符号分为两大类——客观性质的逻辑分类及主观性质的美学分类。"王铭玉等进一步提出了对符号以"指谓关系"进行分类的见解，即以符号的能指与所指关系性质为依据进行分类。这种方法把符号概括为五大类：征兆符号、象征符号、感应符号、语言符号和替代符号。

[②] (法)罗兰·巴特.叙事作品结构分析导言[M].谢立新译.天津:百花文艺出版社,2004.该文献选自赵毅衡编选《符号学文学论文集》，认为：功能层，研究基本叙述单元的分类与及其相互关系；行动层，研究任务的分类及其结构原则；叙述层，探讨叙述者的分类以及叙述者同作者、读者的关系。并认为这三层之间的关系是自下而上递进的,要想明确某一层次的意义，需要在另一个层次去探寻。

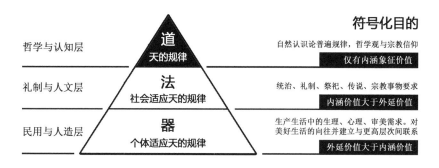

图 2-1 中国传统文化符号意义来源的层级划分

思想等。而大系统才能充分体现气的全息，体现的是"天"也就是宇宙系统的普遍规律①。因此中国传统文化符号的"源"类型是指涉"天的规律"的一类符号，姑且可称之为"哲学与认识层"符号体系。这种"源思维"映射到人类社会的子系统的过程，就是中国先民在适应与改造自然过程中对自然现象的符号拟象与再创造，是人类逐渐能够将所见的外界事物，归纳为一定程度的观念形态，并将其物化为一定图形的漫长过程②。其衍生的设计符号体系又可分为两大类：一类为社会统治服务，如礼制、神话传说、宗教信仰等宏观符号体系，是统治阶级理解、适应天的规律、与之建立联系的符号载体，可称为"礼制与人文层"符号体系；另一类以民用生活为目的，是社会个体在生产生活实践活动中适应天之规律、体现对美好生活向往、满足基本使用功能的一类设计的符号载体，可称之为"民用与人造层"符号体系③（图 2-1）。

---

① 张慧民.中国传统文化分类法[DB/OL].百度文库.(2011-02-07).https://wenku.baidu.com/view/4194d1bec77da26925c5b050.html.
② 邓福星.中国传统图案论纲[J].美术研究,1993(04):4-13.
③ 该分层方法参考融合了诸多学者的见解，如张道一、高丰等对传统造物文化体系的分析，并结合胡飞在《中国古代设计艺术的当代生命》中的见解："我们可粗略地将文化视作一个由物质文化层、制度文化层和观念文化层组成的结构化体系。"对应的，设计艺术文化也可用上述三层加以解释。

2. 中国传统物质性设计符号分类

古代造物设计符号按意义来源的传播目的可自上而下分为三层：

(1) **哲学与认知层**：表达自然认识规律、哲学观念及宗教信仰的设计符号。这类符号代表了先民对"天的规律"的理解，是先民对事物基本规律的认识、对人在天地自然中的所处位置，以及人如何适应天时变化所形成的一类符号形态。这类符号位于我国文化符号金字塔的顶端，数量不多却举足轻重，表达了人与其所处系统关系的根本认识，并对下两个层级的符号产生深刻影响。如先民对天圆地方的认识与实际使用功能完美结合，决定了生活器物的造物思考。中国古代钱币造型圆形方孔，既是天圆地方宇宙观的体现，又满足了圆形铜钱便于携带、方孔不易旋转、避免穿绳磨损的使用要求。筷子前圆后方，也是这种思想在实际器物上的体现：前端为圆适合夹菜入口，后端为方增大抓握摩擦力，先民的巧思让人赞叹。

哲学与认知层级符号的语意形态及其语构规则体现了中国先民对自然规律的认识，并为下两个层次符号的语意形态与语构规则形成提供了可明确追溯遵循的方法论（表 2-1）。

(2) **礼制与人文层**：指社会统治、礼制、宗教、美学、文学历史、神话传说等方面的视觉设计符号。这一层次的符号一般经长期的约定俗成，并被统治阶级不断规范强化，形成了符号闭合度较高的完善系统，并与哲学与认知层实现了全方位匹配。主要用于维护统计阶级利益的造物行为，如以"礼"联系天人、以"物"划分等级、服务宗教崇拜等方面。这类符号的载体器物多数"轻功能、重意义"，以达到"以器致礼"的目的，龙、凤、麒麟、五色等符号均是此类的代表。该系统在长期约定俗成和不断演进中，呈现出相对稳定的形式，且在数量、内容、色彩、材料等各方面均有系统严格的使用规范（表 2-2）。

表 2-1 哲学与认识层的分类及其对更低层级的影响

层级	类别	符号意义	核心物质符号举例	对下层物质符号语意语构的影响	衍生礼制与人文层符号举例	衍生民用与人造符号举例
哲学与认识层	哲学思想	阴阳观	太极、八卦图、河图洛书	均衡对称、造型转化、造型互含、意义相对等	数字9（全面稳定）	—
		三才观	三才之图	天时、地气、材美、工巧的设计指导原则	—	—
		五行观	五行图、河图洛书	相生相克的理论、风水对建筑规划设计的影响等	五色、五材	
	宗教思想	儒家思想	太极、八卦图	易的变化特征、中庸对称特征、设计中的"起承转合"、留白	孔子像	
		佛教思想	万字符	轮回的符号构成造型	佛像、观音等	莲花纹、盘长纹、万字曲水纹
		道教思想	太极、八卦图	三生万物——以点带面、省略、设计中的"气"等多神崇拜系统的诸符号	太上老君、玉皇大帝	道士、道观等
	抽象自然	时间	四时、二十四节气、十二时辰	时间与数量符号的约定关系，产生了春节、端午等概念并衍生出一批物质符号	日晷、十二生肖	粽子、鞭炮、龙舟、对联
		天地	圆、方	天圆地方形态对产品和建筑造型的影响	玉琮	碗、筷子、圆形方孔钱
		空间方位	河图洛书	四面、八方对设计符号数量、形式的影响	青龙白虎、朱雀玄武	—

（3）**民用与人造层**：服务社会生活为基本目的的设计符号，这类符号承载于种类繁多的民用器物，是民族设计符号的绝大多数，是我国劳动人民在长期造物实践中广泛约定俗成的一类符号。主要目的和作用是在满足实际功能的前提下，满足人自身的生理、心理、审美需求，并满足对美好幸福生活的向往。该层级的符号个体，与更上层次紧密联系，是上级层级设计符号意义的延伸或衍生，并符合其语构法则。尽管其来源遵从于器物的功能形态，但多采取较为感性的思维方式产生自然物与人工物之间的象征契约（表 2-3）。

表 2-2 礼制与人文层的分类

层级	题材来源	符号意义来源举例	二维图案符号举例	二维造物符号举例
礼制与人文层	神话传说	神话或传说人物	盘古、伏羲、嫦娥、月宫	—
		神话虚拟动植物	貔貅、麒麟、神树、龙	—
	文学历史	符号化的文学人物	孙悟空、猪八戒	—
		符号化的历史人物	财神关公、门神秦琼、孔圣人	—
	统治礼制	国家、王权、军权	饕餮纹、龙纹	华表、龙椅、鼎、军旗
		阶级礼乐（使用色彩、内容、数量等系列符号区分阶级）	龙纹（皇帝）、黄色（天子）	天子九鼎 诸侯七鼎 编钟、缶
		祭祀与崇拜	兽面纹、神目、东方神鸟	天坛、玉琮
	美学	传统造型审美规律	唐代人物像以胖为美	清代器物以装饰繁复为美
	语言文字	汉字、汉语、字体	甲骨文、金文	—
	根据上一层级衍生的符号	哲学思想	五色、数字9（全面稳定）	—
		宗教思想	如来、观音、王母	佛像、佛塔
		抽象自然	青龙、白虎、朱雀、玄武	四神瓦当

表 2-3 民用与人造层符号意义的分类

层级	题材来源	符号意义来源举例	二维图案符号举例	二维造物符号举例
民用与人造层	直接模拟自然	人物	普遍人的形象	长信宫灯
		动物	熊猫、狮、象、蝙蝠、鱼	四羊方尊、石狮
		植物	牡丹、荷花、松树	莲花灯
		自然景观（山川、河流、日月、星辰、气候）	云纹、雷纹、水纹、太阳符	奥运火炬
	生产生活需求	军事		偃月刀、盔甲、长城
		教育科技与文化艺术	—	书卷、笔、墨、琴、棋、画卷、浑天仪
		经济	—	方孔钱、刀币
		生活用具和建筑		筷子、碗、旗袍、阁、亭
		生产工具	—	木工刨、镰刀
	美好生活祈求	语音关联方式	蝙蝠纹样与"福" 鱼与"余"	—
		形象关联方式	石榴、葡萄纹样与"多子"	—
		典故关联方式	桃子代表长寿	—
		文字图案化	寿字符、双喜字	—
		抽象图样/纹样	回纹、盘长纹、万字曲水纹	—

三、研究案例的确定

　　与语言符号系统相对应，设计符号系统可分为"文本""符号""符码"三个层次。产品与建筑就是系列设计符号按一定句法规则组成的复杂符号系统（文本），类似语言符号的段句。而产品的形状、色彩、材质、肌理、平面图案、工艺等设计要素可以被理解为符号层，相对应于语言符号的单句层次，能独立传达一个完整意思。某设计符号又可以被切分为更小的符码单元，就如同语言符号的笔画、字母，但无法独立传达一个完整信息。由于段落符号具有随机性和复杂性、符码又不承载明确的指涉信息，故首先应明确选取"符号"作为本研究的代表案例。从符号角度来看，尽管能指（形式）是我们研究的最终目标，但相对于中国传统文化研究，从所指（意义）出发遴选代表符号的研究案例则更为明智，才能追溯传统文化的本质之"源"。因此，不同于西方设计符号学从形式、色彩、材质、肌理、图案入手的研究方法，本书将从"意义"出发，选取最能代表上述三个层次的经典符号。

　　从设计符号修辞角度来看，符号还可分为"题材来源、组合关系、形式特征"三个设计要素维度。其中题材来源明确的是"要表达什么"的问题，组合关系明确的是符号结合方式、数量配置约束等语构法则，形式特征则关乎于风格与审美，体现符号形式语言的时代性或地域性。如一把龙椅的"龙"造型，属于题材来源概念，其靠背、座板、支撑等部件的关系与组合方式，属于组合角度概念，其呈现出的时代风格，及涉及的形状、色彩、材质、肌理等特征，属形式特征角度。从遴选代表案例的角度看，肯定应该牢牢把握"龙"这一主题概念，进行历史性研究，方可探讨该主题下不同时代符号组合方式、表达形式的符号特征规律。

　　依据上述分析，我们试根据以下三点原则遴选代表符号：第一，从三个层次符号库中各选取一个最具代表性的符号；第二，符号的形式为二维平面形式，可降低分析的维度，避免过多探讨复杂的"符号文本"问题；第三，典型符号案例应有断代性质，且保证上古时代、先秦时代、晚近古代三个时间段的顺序分布。站在共时与历时结合角度，深入讨论各符号的基本范式造型、外延内涵意指、衍生代表在时空维度中的不同形式、应用及其演进规律。经充分分析研讨，拟确定太极符号、兽面纹符号、福纹符号作为本研究的代表案例，理由如下：

1. 太极符号

太极符号是当之无愧的"天下第一图"，是易学阴阳思想观的视觉表现，是宇宙认识论的产物，它将先民对事物本质规律的理解归为一图，在儒、道、释三家思想中均有体现。太极符号以极其简洁的形式，传达出我国传统文化一切人为事物的根本运行规律。从能指角度看，其符号的形式与构成是我国传统器物与图案造型设计的重要依据。从所指角度看，其传达出的对称均衡、矛盾转化等特征，也是我国传统造物活动遵循的基本法则，更是解决设计符号系统内部各符号间矛盾关系的基本原则。可以说此符号为传统符号之母，因此，对其开展系统研究极为必要。

2. 兽面纹符号

兽面纹是商周时代广泛应用于器物上的一种设计符号，在其所处历史时期占据统治性的装饰地位，可视为统治阶级联系天人的视觉手段之一，对后世影响深远。其造型风格是礼制、占卜、统治阶级审美趋向等相当一类的符号的代表，如先秦与西周时代动植物与神话符号在表现形式和构成原则上均受此符号影响。此符号的形式和构成又在上古设计符号和秦汉以下设计符号之间起到一个承上启下的关键作用。此外，兽面纹符号研究资料丰富，案例样本较多，同时前人又较少从符号学理论视角进行系统研究，具备较高的研究价值。

3. 福纹符号

福纹符号是中国晚近古代最具代表性的符号之一，其基本意指为汉语言的"福"，属于通过语言发音方式产生的造物形式。中国传统造物在满足实用功能与礼制功能的基础上，绝大部分目的是为了满足对美好生活的愿景，福纹正代表了这一类数量繁多的吉祥符号，对其开展研究具有较强的概括性。福纹符号不但具有文字与图形（如蝙蝠）的双向形态，还具备抽象与具象形态，并与其他符号组合应用广泛。针对福纹开展的研究可包括：福纹器物类型与历时演进，如福纹的产生、兴盛、衰微及其与历史社会文化之间的关系研究、二维福纹装饰纹样类型研究、福纹与其他符号的组合规律研究等。重点研究在于该纹样的起源、发展、衰微之后被替代或转化为何种符号，其形式构成规律对后世造物活动产生的相关影响等方面。福纹符号的系统研究将为进一步总结归纳传统设计符号的思维模式提供理论依据。

第三章 易有太极 是生两仪

太极图代表了我国传统文化的至高哲理,其形式高度凝练,承载了丰富的意义。作为"天下第一图",太极图的形态与语构特征上承天道,下载造物,代表了中国传统造物活动中的设计文化意识和语言规范,间接衍生出诸多图式,深入研究太极图形的符号特征及其演进过程,对了解我国传统设计思维具有重要价值。

一、今本太极图符号

当今流行的太极符号(今本太极图),是历经数百年演进后,形式达到高度稳定性的一种阴阳鱼图形,由黑白两个匀称且相互交感、涵容的鱼形纹组成的圆形图案,其形态广为世人所知(图3-1)。它完美地诠释了周敦颐在《太极图说》中描述的宇宙观:"无极而生太极,太极而生阳,动极而静。静极复动,一动一静,互为其根;分阴分阳,两仪立焉"[1]。作为历代先贤约定俗成的闭合视觉符号系统,"阴阳鱼型"成为中国视觉

---

[1] 乌恩溥.《太极图说》探源[J].社会科学战线,1982(02):13-20.

符号语言中的经典句型之一,代表了一类最基本的设计语法规则,先民遵循此图式的构成法则,不断在造物活动中衍生出新的形式。

图 3-1 今本太极图符号

1. 今本太极图的能指形态

太极图的线条由"一个圆圈 +S 曲线 + 两点"构成,可通过严格的半圆尺规作图法绘制而成(图 3-2)。圆形是宇宙中唯一的线条连贯且无端点的几何形态,明代王夫之在《思问录外篇》对此有精彩的描述:"太极,一浑不之全体……绘太极图,无已而绘一圆圈也,非有匡廓也……取其不滞而已。"也就是说太极不可分割,故以圆来描绘①。观察其制图过程,实质上太极内含三个层次共计五个圆形,包括代表无极的基本圆形,代表两仪的两个半圆,代表阴阳互根的两个圆点。可以说,在这个符号的内部语构中,圆形成为代表万物普遍规律的唯一符码。太极图内部阴阳交界处的"S"形曲线,也是由两个半圆从一个切点出发,沿水平中轴线反向拼置而成。实质上,古代先哲们曾制作了多种不同形式的太极图表达其所指易理,之所以今本太极图能获得认可并广泛流传,且

---

① 朱良志.论中国艺术论中的"圆"[J].安徽师大学报(哲学社会科学版),1994(04):390-400,410.

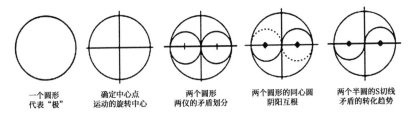

图 3-2 圆形为形式语言的太极图绘制过程

成为最为稳定的语构形态,"圆形"在意义与审美方面的特殊优势,在其中起到了决定性作用。从现代几何学角度来看,小圆形可相对被视为点,点不等于虚无,是物质的实质存在。这种"大则为圆、小则为点"的特征被古人应用于太极符号之中,符合"至大无边、至小无内"的含义。大圆的中心点代表事物的整体中心,两个"鱼眼"的中心点代表二元矛盾的各自中心,处处体现了均衡对称的哲学思想。

太极图使用黑与白表现矛盾的两极对立,并在黑白两仪中嵌入反色圆点用于表示"阴阳互根"。如果说"圆形+S"线条是指涉阴阳意义的基础,那么黑白两色的对比就是信息的明示与增强,两仪的对立性质也因此得以凸显。从现代平面构成角度审视,太极图也是一种平面契合图形,平面契合又叫作平面镶嵌,指完全没有重叠且没有空隙的封闭图形构成,契合图形装饰语言是装饰纹样的重要类别之一①。

从符号传播角度观察,太极符号的下位符码遵循如下解读次序:首先需传达整体圆的形象,象征宇宙一元论和事物的同一性;其次,颜色比形状更能先引起人的注意,因此识别者随后会注意到黑白两大色块,认识到颜色对比象征着事物矛盾对立的二元性。最后,黑白色块的呼应形态又进一步传播了矛盾转化、矛盾平衡等符号语意,鱼眼造型则传递出阴阳互根、矛盾相生的意义。

---

① 朱维宗,徐昆,李尧."参与式教学"的设计与案例分析[J].云南教育,2004(05):13-15.

2. 今本太极图的所指意义

对于太极符号的所指,前人早有论述,其意义已基本达成广泛共识,故本书不再过多赘述,仅作简单梳理。太极符号是古人观察宇宙事物普遍规律而得出的哲学理念,是阴阳学说的代表符号。《素问·阴阳应象大论》说:"阴阳者,天地之道也,万物之纲纪,变化之父母,生杀之本始"。古人认为阴阳的矛盾对立统一是一切事物运动变化的本质规律,世界是阴阳二气对立运动转化的结果。阴阳学说的基本内容包括阴阳对立、阴阳互根、阴阳消长和阴阳转化四个方面[①]。明赐东认为,太极图包含"宇宙统一的一元论"和"一分为二的二元论"两个基本的宇宙观,其他哲理命题都是围绕这两个基础命题加以展开。因此,太极图主要指涉如下意义[②]:

宇宙一统的一元论:太极圆圈代表宇宙的原初是浑圆的一体,世界万物都起始于"一"。太有至的意思,极有极限之义,就是至于极限,无有相匹之意。既包括了至极之理,也包括了至大至小的时空极限,放之则弥六合,卷之退藏于心。可以大于任意量而不能超越圆周和空间,也可以小于任意量而不等于零或无[③]。

阴阳对立的二元论:太极圆被双鱼形和 S 曲线一分为二,用阴阳概念加以区分,体现了矛盾的对立、共存、平衡的二元论,即世间一切事物都存在着相互对立的两个方面,上与下、天与地、动与静、升与降莫不如此:上属阳,下属阴;天为阳,地为阴;动为阳,静为阴;升属阳,降属阴。太极的动态对称图式,深刻地揭示了矛盾对立中追求动态平衡的目的论。

阴阳转化与消长性:即矛盾的动态转化性,这种转化是生生不息

---

① 陈仁寿.中医入门100讲[M].南京:江苏科学技术出版社,2005:2.
② 明赐东.太极图的哲学内涵及社会学意义[N].中国文化报,2009-03-04.太极的内涵所指自古就较为明确,尽管当今学者结合自身认识不断加以发展解释,但内涵实质相同,由于所阅文献过多,本书不再一一引用,仅以明赐东先生论点为主,补充一些其他观点并做归纳梳理后列举。
③ 许晓伟.太极图形的现代设计美学阐释[J].艺术探索,2006(02):71-72.

和永久变化的过程，大到宇宙和国家，小到世间万物，任何事物都受到这一规律的影响。由此也衍生了"度"这个中庸的概念，人要顺应这种规律，调整自己的行为，控制转化的临界点，依此趋向有利自己的矛盾，避免不利于自己的矛盾。

阴阳对立的互根性：阴阳互根充满着易学智慧，在《周易》《黄帝内经》《素问·阴阳应象大论》等易学著作中均有论述，揭示了包容与共存的矛盾同一律，即矛盾双方互相对立依存，任何一方都不能脱离另一方而单独存在。太极符号黑白阴阳的中心具有反色的圆点，白中黑点表示阳中有阴，黑中白点表示阴中有阳，既说明矛盾中包含与之相反的矛盾，也暗指事物在处于某一性质的同时，已经蕴含着下一性质的到来。

含三为一原则：太极图是正形、反形、正反结合形三者构建的整体，太极图中黑白二色代表阴阳天地两部，S形分界线即划分两者界限的人部。天、地、人三者合一，阴、阳、分界三部合一。

系统联系原则：无极生太极，太极生两仪，两仪生四象，四象生八卦，八卦生六十四卦，这是太极化生卦象的基本理论，该理论认为系统的中心可以化生出万物，而万物在系统中都具有自身的位置，并与其他元素具有时空性质等多元联系。太极图包孕万物，变化至大无边、至小无内，揭示了宇宙万物的系统联系和演化规律[1]。

太极符号所代表的哲学思想至少衍生出如下古代造物原则：第一，圆形的符号整体形态，体现了系统、全面、圆满等含义，这些含义是先民从事"人为事物"过程中所要遵循的基本原则，简以一字形容就是"全"；第二，图形内含大圆形的整体中心点和两个小圆形"鱼眼"的中心点，并形成了体、面、线、点四个层级的均衡对称。简以一字形容就是"均"；第三，符号的双鱼互含造型呈现出动态转化的形态，"S"形边界给人以互生互长之感，且"鱼眼"又表现出与"鱼身"反向的性质。这种互含转化造型的基本范式成为体现"互动变化"最简致的构成语言，简以一字形容就是"易"；第四，符号的外延必然是背后所指的深刻含义的表征，太极图完全

---

[1] 胡飞.中国传统设计思维方式探索[M].北京:中国建筑工业出版社,2007:2.

满足了这一条件,其阴阳二象矛盾统一地组成了外圆形,象征"是生两仪"的含义,把符码和整体符号不可分割地联系在一起,我中有你,你中有我,简以一字形容就是"联"。

二、象数图式与义理图式

表达易学思想的视觉符号体系在不断发展演进过程中,形成了两种截然不同的图式,一类以表达天象数理规律形态为特征,以河图洛书为代表;另一类以意象图像形态为特征,以阴阳鱼太极图为代表。这两种类型的所指内涵相通,相异的表达思维逻辑产生了截然不同的视觉形式。有学者认为,河图、洛书、阴阳鱼太极图"三图本为一图",阴阳鱼早期又名为"天地自然河图",直至明末才被以"太极"命名。因此,两类图式意义同源,本书不妨将这两类图式类型统称为太极符号,其一为象数图式太极符号,其二为义理图式太极符号。

河图洛书图式、八卦图式、六十四卦图式、含山玉版图式及后人依据洛书而简化的九宫格,均为将图解与数理结合的形式,可被归为象数图式太极符号。它们是自上古时期创造的科学文化成果,表达了中国古代的天文历法、宇宙观念、数学逻辑成就,是先民社会生产、生活与文化的结晶。这类图式依据山、医、命、卜、相等方式预测凶吉并指导人类社会的生产生活,直至当代,仍具有较高的文化意义和科学价值。象数在中国传统文化中至关重要,张文智认为:《周易》的卦爻辞是由圣人"观象"而来,圣人通过"观象系辞"来揭示易道。换句话说,《周易》所阐发的义理乃以象数为基础。象数蕴含着义理,义理脱胎于象数,二者如水乳之交融而不可分[1]。这种象数思维方法的基本特征是"取象比类""取象"极

---

[1] 张文智.论《易传》的象数、义理合一模式与天人合一的理论架构[J].周易研究,2008(02):42-51.

富形象思维特点,"比类"又具逻辑思维特性。因此,"取象比类"是两种思维相互作用的思维方法,更具有强烈的辩证法特征。

相对于晦涩的象数图式,义理图式相对直观易懂,凝练了先民对宇宙事理的深刻认识,更易被大众理解,逐渐成为"显性"表达方式,前文提到的今本阴阳鱼太极图就是此类图式的集大成者,它一方面将先哲对自然社会的抽象认知加以可视化,另一方面也融合了先民在造物装饰活动中的普遍美学规律,历经传承与修正,逐渐成为兼具抽象价值与审美价值的稳定图式。无论象数图式还是义理图式,都来源于中国博大精深的哲学观点,在漫长的历史演进过程中,相同的意义所指表达为差异化的图像能指呈现于世人面前,体现了创作者对易学道理的不懈探求。考察太极图像的演进流变,实质就是探究概念的符号化抽象过程,这为管窥中国符号编码思维规律提供了可能。

1. 易图之源:河图洛书

"河图"最早记录在《尚书》之中,长期以来"河图""洛书"之名虽然屡见于文献记载,但仅有其名,而并无其形[①]。关于河图的来历与象征意义也因"驳龙马负图之说""羲皇感悟说"等神话传说而变得神秘莫测,但这些说法显然不符合日常认知,不可多信。以河图为代表的太极符号显然是先民师法天地自然的伟大发明[②]。正如八卦以直线符码表达占卜用的蓍草或短棍的拟象,河图的点线是对上古时代结

---

① 杨效雷.清代学者对"河图""洛书"的考辨[J].湖南科技学院学报,2005(01):57-62.
② "河图"的说法最早见于《尚书·顾命篇》"赤刀、大训、弘璧、琬琰,在西序;大玉、夷玉、天球、河图,在东序"。西汉孔安国著《尚书孔传》中记载"伏羲王天下,龙马出河,遂则以画八卦",后世大量引用,但此说不符合日常认知,怀疑者不在少数。杨作龙在《太极图河洛探源》中指出"河图"并非为"龙马负图"天赐的神秘之物,而是多代羲皇师法天地自然相继感悟的一种载体文化。受其启发而发明了河图、太极图,进而远取近取,效法天地自然,从而发明了八卦和阴阳鱼太极八卦图。此观点相对更容易让人信服。

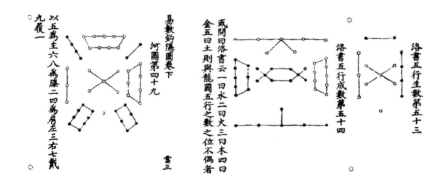

图3-3 河图洛书（宋）刘牧（采于明刻本《道藏·易数钩隐图》）

绳记事的自然形态模仿，是古人"观物取象"图形思维的产物。

河图之辞，初见先秦《尚书·顾命》："大玉，夷玉，天球，河图在东序。"，但其时并未提及"洛书"，西汉孔安国、刘歆将河图归于伏羲，洛书归于大禹，认为河图即八卦，《尚书·洪范》即洛书，但直到宋代，图书也是只闻其辞，未见其图。后有载宋初陈抟吸收汉唐"九宫"与"五行"说，创"龙图"图式，即为河图，亦或陈抟先天太极图即河图，但陈抟一说也无图证，我们今天看到最早的用圆圈和黑点组成的河图洛书图像，见于北宋刘牧《易数钩隐图》和朱长文《易经解》中，刘牧在《易数钩隐图》和《易数钩隐图遗论九事》两书中载有与河、洛有关的图式三幅，书中以九数为河图，十数图为洛书，即"图九书十"，后两宋之间朱震在《汉上易传卦图》中也转载此图（图3-3）。与刘牧的认识完全相反，南宋蔡元定在《易学启蒙》中指出："河图主全，故极于十，洛书主变，故极于九"，即"图十书九"，并认为河图为体，洛书为用[①]。这

---

① 张其成.易学大辞典[M].成都:华夏出版社,1992.河图为体，洛书为用的观点最早见于

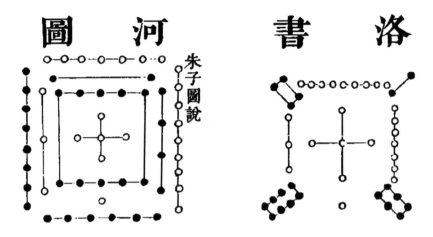

图 3-4 河图洛书（宋）朱熹（采于清刻本《周易本义》）

种观点得到了南宋大儒朱熹的支持，并在其著作《周易本义》卷首载有该图（图 3-4），图下注解说[①]：

《系辞传》曰："河出图，洛出书，圣人则之。"又曰："天一，地二，天三，地四，天五，地六，天七，地八，天九，地十。天数五，地数五，五位相得而各有合。天数二十有五，地数三十，凡天地之数五十有五。此所以成变化而行鬼神也。此河图之数也。"洛书盖取龟象，故其数戴九履一，左三右七，二四为肩，六八为足。

今日看蔡元定、朱熹版河图洛书，其图像形式简单直接，它通过点与线、黑与白、方位与象数，指代了天地万物宇宙系统的深刻含义：

南宋蔡元定、朱熹所著的《易学启蒙》，其中指出河图主常，洛书主变；河图重合，洛书重分；方圆相藏，阴阳相抱，相互为用，不可分割。汉代刘歆认为："河图洛书相为经纬。"（《汉书·五行志》注）朱熹、蔡元定还认为："河图以五生数统五成数而同处于方，盖揭其全以示人而道其常，数之体也。洛书以五奇数统四偶数而各居其所，盖主于阳以统阴而肇其变，数之用也。"并认为河图象天圆，其数为三，为奇；洛书象地方，其数为二，为偶。

① 蔡运章.河图洛书与古都洛阳[J].河南科技大学学报(社会科学版),2007(03):22-28.

河图以十数合五方，五行，阴阳，天地之象。图式以白圈为阳，为天，为奇数；黑点为阴，为地，为偶数。并以天地合五方，以阴阳合五行，所以图式结构分布为：一与六共宗居北方，因天一生水，地六成之；二与七为朋居南方，因地二生炎，天七成之；三与八为友居东方，因天三生木，地八成之；四与九同道居西方，因地四生金，天九成之；五与十相守，居中央，因天五生土，地十成之[①]。

朱熹在理学领域的权威地位，让蔡氏的"图十书九"成为后世流行观点，并产生了诸多衍图（图3-5、图3-6）。其中元代吴澄所作版本最具特色，他认为河图是羲皇时河出龙马背后之毛，遂以蔡元定版本为蓝本，作"马背旋毛河图"与"龟甲坼文洛书"，传至明代又被后人更名为"古河图"与"古洛书"，来知德在"古河图"的旋毛图式绘制上更为精细，更为凸显阴阳原理[②]。由于该图式在明清两代引起较大学术争议，今人多不取信。随着清代朱熹理学地位的下降，对宋代易图的质疑考辨之风渐行，其中以胡渭所撰《易图明辨》最为系统，作为一种"明星"图式，河图洛书也逐渐失去了往昔的地位，慢慢淡出人们的视野。

综上所述，先秦时期的"河图洛书"是帝王受命的祥瑞神物；两汉时代的"河图洛书"则为"龙马负图，神龟贡书"的神话传说；两宋时代的"河图洛书"则成为"图九书十"和"图十书九"的黑白点数图式[③④]。三种历史形态和内涵是否有传承联系，至今尚无定论。但传为易图之源的河图洛书，不能靠神秘传说作为图源学

---

① 邹学熹.易学十讲[M].成都:四川科学技术出版社,1986.
② 庞丽霞.易图学"旋毛《河》""坼文《洛书》"源流考述[D].曲阜:曲阜师范大学,2020.
③ 史善刚.论河图洛书与八卦起源[J].史学月刊,2007(08):79-88.
④ 王卡.河图洛书探源[J].世界宗教研究,1994(02):109-116,155.该文对汉代以前的河图洛书进行了分析，认为："河图、洛书在先秦被称作'东序秘宝'，圣人符瑞，其内容可能是某种预示改朝换代的神秘图画或文字。""汉代儒家学者对河图、洛书主要有两种解释:刘歆等人宣称河图为八卦,洛书为九畴,郑玄则称河图有九篇、洛书有六篇。前者所指为儒家经典,后者所指为图谶之术。都是文书典籍,与后来流行的黑白点数字图是完全不同的。"隋唐以后,谶纬图书被政府禁止,渐渐散亡。

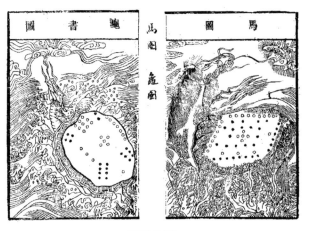

马图龟图

（明）来知德著《周易集注》中所载

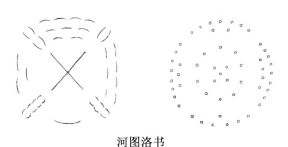

河图洛书

（明）朱升撰 《周易旁注》

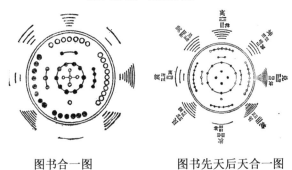

图书合一图　　　　**图书先天后天合一图**

（清）刘一明 《周易阐真》　　（清）刘一明 《周易阐真》

图 3-5 明清两代图式迥异的河图洛书图

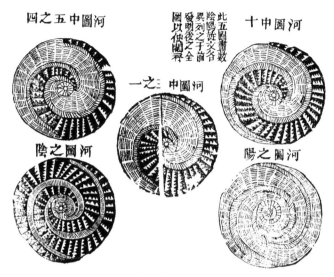

古河图洛书

此五图书数阴阳旋文各异，列之于前，发明后之全图，以便阅祁

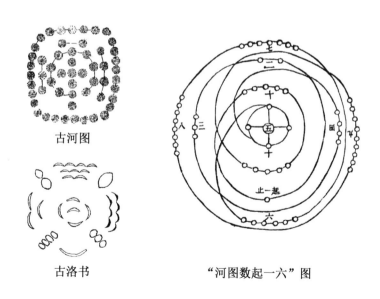

图3-6 古河图洛书（明）来知德著《周易集注》

的实据，图书只能是古人"观物取象"图形思维的产物，是历代圣贤学人追求易理过程中产生的视觉文化。从河图的形式流变来看，其产自数理，体现了"黑—白、圆—线"的极简图式思维，其有宋一代的形式分歧主要根源在于"十数九数"的象数之争，这是对符号内涵意指正确性的探讨，并不涉及图像表达逻辑，无论是刘氏河图，还是蔡氏河图，其图像语构方式及表达要素并无本质区别。而后历经元、明、清三代，后人引经据典对这一概念进行了表达方式的丰富拓展，产生了旋毛河图、马图龟图版画等衍生形式，才让我们观察到了从象数图式到义理图式的转化逻辑。

2. 八卦及其组合图式

八卦是我国古代象数易理符号的代表。其基本符码形式由代表阳的"—"和代表阴的"— —"表达，分别表示"阳爻"和"阴爻"。每三个"爻"符号组成一"卦"，八种不同"阳爻"和"阴爻"排列组合形成八卦，所以说八卦图这一符号系统是由八个不同意义的象形符号"卦"组成的。其语构特征是中心放射的八等分形。每一"卦"又包含三个自下而上的基本符码"爻"（图3-7）。

在易学理论中，八卦是太极形态与意义的演化与延伸，是太极意义的象数解释，"伏羲观河图而画八卦"的传说表明，河图是本体性的，"八卦"是次生性的，换言之，唯有"河图"才是天地自然的"图"，而包括伏羲画卦在内的一切行为都是次生性的人工画像。就易学图式内部关系而言，阴阳鱼太极、八卦图衍自河图的论点也在图像学角度构建了符合象数逻辑与义理推演的理论闭环。元代张理在《易象图说》中对陈抟的"龙图三变"加以解释，他做出五个图式说明龙图的形成和八卦卦象起源，在理论上形成了太极、八卦、河图互相转换的逻辑自洽。但从科学角度来看，八卦应

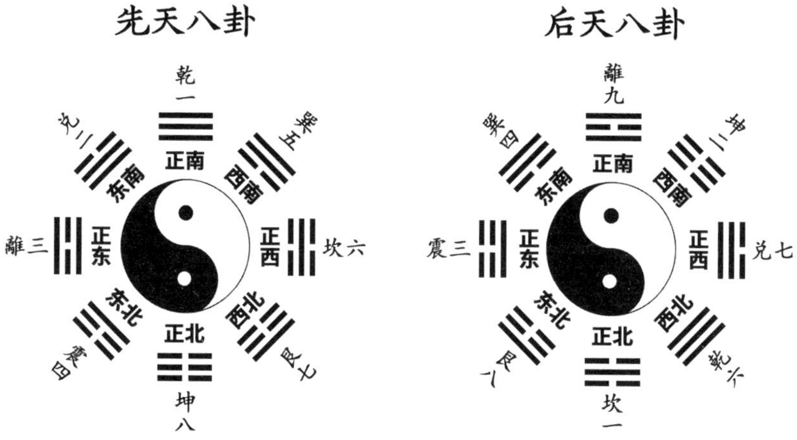

图 3-7 太极八卦图

是先民长期以来适应与认识自然的过程总结，并凝练形成了符合数理特征的符号体系，后经古代先哲将数理转化为义理，形成了更为凝练的阴阳鱼太极。八卦图的起源在学界尚无定论，也不是本研究关注的重点，但从其图像语言的演进来看，自初见以来就非常稳定且少有争议，故本书将重点探讨八卦的符号内涵意指及其语构特征。

"卦"的文字学考证有如下五种含义：卦就是占卜（《说文》：筮也。）；专指蓍草法占卜[①]（《剧秦美新》：神卦灵兆。注：蓍曰卦。）；卦代表天象（《易·说卦》：观变于阴阳而立卦。注：象也。）；木棍画地的痕迹，用于占卜（《仪礼·士冠礼》：卦者在左。注：有司主画地识爻者也。又所卦者。注：所卦者，所以画地记爻。）[②]；有学者认为八卦的"卦"是一个会意字，从圭从卜。圭，指土圭，开始以泥作成土柱测日影。卜，测度之意。立八圭测日影，即从四正四隅

---

① 古人认为蓍草具有灵性，其形态可以理解成短棍。《周易·系辞上》中对揲蓍草占卜取卦有详尽的描述："大衍之数五十，其用四十有九。分而为二以象两，挂一以象三，揲之以四以象四时，归奇于扐以象闰，五岁再闰，故再扐而后挂。天一地二，天三地四，天五地六，天七地八，天九地十。天数五，地数五，五位相得而各有合。天数二十有五，地数三十，凡天地之数五十有五。此所以成变化而行鬼神也。"
② 王同亿.高级汉语词典[M].海口：海南出版社，1996.

上将观测到的日影加以总结和记录，从而形成八卦的图象①。

作为八卦的最基本单位，"爻"的意义目前有两种看法，一是记述日影变化的专门符号，二是表达蓍草法占卜的结果和现象。从文字学角度考证，上述两说也能得到支持：其一，杂乱交错之象（《易·系辞下》：凡从爻之字，皆错杂意。道有变动，故曰爻；《说文》：爻，交也。象易六爻，头交也）；其二，甲骨文的两个"五"字上下叠加。（《说文》：按，乂，古文五，二五天地之数，会意）。因此，"爻"字形上本身就代表了交错之感，所以与卦的文字考证含义结合起来，比较合理的解释应该是"卦"最初来源于占卜过程中蓍草纵横交错的现象，而"爻"就是这种现象的表征。

阳爻之刚，阴爻之柔，是易象很重要的表征，其揭开了天地万物之面纱，而"一阴一阳之谓道"揭示出人类生命美学的主旋律②。八卦使用"爻"的短直线作为基本形态语言，通过排列组合形成符号，分别代表了八种不同的性质与意义，不仅指涉了自然界的八类主要现象③，还根据自然与社会事物所反映出的不同本质特性，将八卦符号分别与人类生存的全部要素产生关联，形成了约定俗成且极为稳定的符号意义系统，涵盖家族、人体、动物、方位等万事万物（表3-1）。

易图图形有遵循中心放射构图的习惯，多以同心圆为表述所指概念的坐标系，内圈表达核心及起源等较高层级概念，更低等级概念依次向外圈扩展，这是易学一元化生的宇宙观体现。八卦处于太极中心放射图式的外层，但八卦并未采用太极的圆形，而是采取八个直线符码组合代表天地自然的"八象"，通过环状分布适形为正

---

① 南怀瑾,徐芹庭.白话易经[M].长沙:岳麓书社,1988.
② 陈碧.《周易》象数美学思想研究[D].武汉:武汉大学,2005.文中认为：八卦是先人"仰则观象于天,俯则观法于地,观鸟兽之文与地之宜,近取诸身,远取诸物"的结果,而这种取类比象之"观"体现了中国古人思维的独特性,是一种具有高度抽象性的审美体验。且"观"的产物"八卦""六十四卦"又体现出象征意味的形态之美,是具象与抽象的统一。
③ 《易传》认为八卦主要象征天、地、雷、风、水、火、山、泽八种自然现象，而"乾""坤"两卦在八卦中占核心地位，是一切自然现象与社会现象的本源。

表 3-1 八卦符号代表意指

毗邻轴	系谱轴								
	八卦	自然	特征	家族	人体	动物	方位	季节	阴阳	五行
	乾	天	健	父亲	首	马	西北	秋冬间	阳	金
	兑	泽	悦	少女	口	羊	西	秋	阴	金
	离	火	日	中女	目	雉	南	夏	阴	火
	震	雷	动	少男	足	龙	东	春	阳	木
	巽	风	木	老女	股	鸡	东南	春夏间	阴	木
	坎	水	雨	中男	耳	猪	北	冬	阳	水
	艮	山	止	老男	手	狗	东北	冬春间	阳	土
	坤	地	顺	母亲	腹	牛	西南	夏秋间	阴	土

八边形，即八卦首先要体现"八"的含义，这是古人对几何图形心理感受的分层化意义表达模式。八卦图的正八边外形深刻影响了后世在造物设计中的应用。

《太极图说》中很重要的一个部分就是"万物化生"，表示该概念的圆圈图中，左侧有"乾道成男"，右侧有"坤道成女"，下方有"万物化生"四字，"二气交感，化生万物，万物生生而变化无穷焉"[①]。太极母题及其周边的八卦辅助图形，正是"万物化生"的生动体现，代表了一类以中心母题图形为主、四周放射型装饰图形为辅的构成类型，从符号意义的层级来看，母题图形为上位，辅助图形为下位，依据"有形必有意"原则，世间万物都可参照此模式与太极—八卦系统产生联系，形成了由太极系统形式规范下衍生发展的造物思维模式，这在哲学意义上影响了造物装饰行为，在不同时代衍生出无数类似形态模式的造物作品。从设计符号角度看，太极与八卦往往被看作是同一个符号组合文本的两个分段，二者均具

---

① 乌恩溥.《太极图说》探源[J].社会科学战线,1982(02):13-20.

有高度凝练的几何图形语言，由此也可看出古人在表达多义性核心层级概念的抽象思维和表达衍生层级概念的具象思维。在太极—八卦图式中，母题与辅助图形之间具备意义上的联系，母题意义衍生出辅助图形的指代意义，辅助图形的各分节部分又分别代表了母题意义某一方面的性质。各分节部分又循母题向心凝聚，相互关联共存于整个符号系统之中。

太极向八卦化生的图式构成了符号意义的"进一步解释"系统。八卦是太极性质的深入解释，同时对世间具体事物进行分类意义指代，由此形成中国宏观庞大的符号意义指代系统的发端，在以太极为出发点的符号意义切分中，太极发散为两仪，符号由第一层演变为第二层下位符号。而两仪又可分为四象，如四神就是四象的一个具体形象物，实现了意义向形式的转化。四象又可分为八卦，在这个具有八个符号层次的符号组阶段，符号的意义指代进一步具体化，根据不同的符号毗邻关系具有了自己的系谱轴可替换符号库，如乾卦在家族组代表父亲、在动物组代表马、在方位组代表西北等。另一方面则走向复合符号转化，即同类符号经过排列组合形成下一层级数理符号系统，如八卦经过衍生形成六十四卦。

"伏羲观河图而作八卦"的传说显然不能作为八卦图像起源的实证，而从秦至隋的易学文献中，又只列举了似乎有图的书名（如梁《九宫八卦式蟠龙图》），但是这些书均已遗失，其中的卦图也无从查证。从唯物史观的角度来看，我们可以依据后世有据可考的图像构建起两汉典籍与宋代图式之间的联系。清代《钦定四库全书·西清古鉴》中载有一件"汉八卦洗"，上有圆环状八卦图案，如该记录非后人伪作，那么八卦至少可追溯至汉代[1]。从实物来说，"集安五盔坟

---

[1] 王先胜.汉代八卦洗(先天八卦图)真伪考辨——兼谈八卦源流问题[J].周易文化研究,2017(00):87-101.作者认为:清乾隆十四年编纂《西清古鉴》卷三十三载铸有先天八卦方位图的汉代铜洗不是伪器,先天八卦方位图也非汉以后新刻。

四号墓北室壁画八卦图"是迄今为止年代最早的八卦图考古实物，是高句丽贵族阶层与中原文化交流及崇尚易学的例证，其壁画成图时间应在北朝时期[①]。集安八卦图之后，最早的八卦图载于北宋《宣和博古图录》之上，其中包括一块"隋十六符铁鉴"和若干印有八卦图符的唐代铁鉴（图3-8），该图录由宋徽宗敕撰，王黼编纂，因此考证严谨，年代可信度较高。通过上述实例，我们至少可以构建起自汉代以降，经南北朝，至隋唐完整的八卦图存在例证。审视"汉八卦洗"与"集安八卦"图，可发现隋唐以前的八卦图还保持正圆形环形组合，及至隋唐，其铁鉴八卦图虽然仍然沿圆形排布，但八个部分逐渐分离，已经接近现代图式。唐代铁鉴八卦图多配有四象圣兽、十二生肖等外圈具象图案，甚至有一款"唐八卦方铁鉴"已经完全具备八边形八卦特征，此外，在该八卦铁鉴中心为一个明显的带头带脚"龟"形，与其他唐代铁鉴与之类似的中心图样比对，后者仅无龟的头和腿部分，而龟壳部分相同。因此我们不妨大胆判定其他铁鉴的圆形图样意义同样也为"龟"，这种判断实现了"龟"与"太极"的概念融合，很可能该"太极"图体现了洛书"神龟贡书"的传说。

尽管自新石器时代至汉代已经出现很多中心放射形组合图式，但至少在北宋之前，证据确凿的太极与八卦图组合图式尚未发现，而且同期的易图著作中也未发现解释这种组合的文字描述。目前文献可考最早的太极卦图组合是南宋张行成《翼玄》中的"先天图"，但其外圈是"六十四卦"，而非"八卦"。

[①] 郭志成.集安八卦图考[J].安阳大学学报,2004(01):1-5.

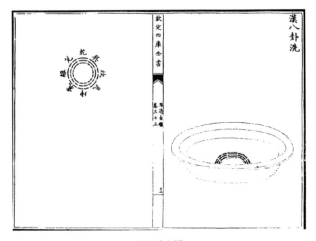

汉八卦洗图
载于（清）《钦定四库全书·西清古鉴》

集安八卦图
（北朝）（集安五盔坟四号墓主室北壁画）

隋十六符铁鉴
载于（北宋）《宣和博古图录》

唐八卦铁鉴二
载于（北宋）《宣和博古图录》

唐八卦方铁鉴
载于（北宋）《宣和博古图录》

图 3-8 汉代至唐代的八卦图存在例证

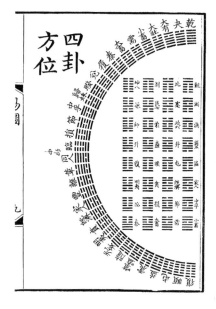
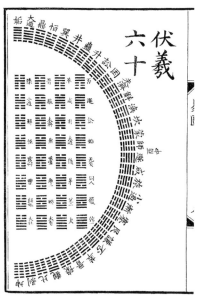

图 3-9 伏羲六十四卦方位图（宋）朱熹（清康熙内府仿宋咸淳元年吴革刻本《周易本义》）

三、太极符号的历时性演进

1. 新石器时代至汉代的考古太极符号

当代学者普遍认为古易创自伏羲,而《连山》《归藏》《周易》虽有先天后天之分、八卦方位之异,但对其基础图像阴阳太极图的文字性描述是传承不易的,在老子《道德经》和孔子《周易大传》中都有其孑遗,但在上述经典中仅为文字描述,图式多靠臆想,直至宋初陈抟将古图复原,并由邵雍集其大成①。随后在近 900 年的漫长

---

① 杨作龙.太极图河洛探源[J].洛阳师范学院学报,2004(06):5-9.该文作者认为:邵雍所以能为孔子《说卦传》做出权威注释,完全基于对两种太极图的认识,即先天古太极图是上阳下阴的反S形曲线图形,后天八卦太极图是左阳右阴、逆旋左行的S形图像。

历史时期，由于时代久远，文献及考古发现的缺失，太极诸图源头实难追溯，因此，自宋以降的多数学者都认为河图、洛书及阴阳太极图俱传自陈抟，甚至部分学者认为上述诸图皆系宋人伪造[①]，由此产生了旷日持久的"图书之争"[②]。随着中华人民共和国成立后一系列突破性考古发现，有力地为太极图提供了更为久远的佐证，其中最为重要的三件文物是"安徽阜阳大乙九宫占盘"（西汉）、"安徽含山玉版"（新石器时代）、"四川绵阳木胎漆盘双耳太极图"（西汉）。

　　1977年春，安徽阜阳出土的大乙九宫占盘上所刻的九宫的名称和各宫节气的日数，与洛书所载完全相同。其正面按五行属性与八卦位置和排列，与《灵枢·九宫八风》完美对应，天盘过圆心划四条等分线，每条等分线两端刻"一"对"九"、"二"对"八"、"三"对"七"、"四"对"六"，与洛书布局完全相同，也与《易纬·乾凿度》描述相合。大乙九宫占盘的出现，结束了持续900年的洛书真伪之争，说明陈抟图式并非臆造[③]，至此学界一般认为洛书最迟在西汉初年已经存在，仅对河图的来源尚有争议。笔者认为，既然更早的《易传·系辞》中已有"河出图，洛出书，圣人则之"的表述，那么河图当然不会晚于洛书（图3-9）。

　　十年之后的1987年，安徽含山县凌家滩新石器时代遗址出土的含山玉版（图3-10），表达的数理规律与洛书完全相符，这进一步将太极

---

① 杨作龙.探寻河洛文化的物象之源[N].光明日报,2005-12-08.该文章还提出：有的学者如义理学派的黄宗羲在《象数论序》中就说："魏伯阳之参同契，陈希夷之图书，远有端绪。"这是说，其源头要比溯之于陈抟和魏伯阳的时代更为久远。
② 马鹏翔.论清初学者关于"河图洛书"问题的争论——以胡煦、胡渭为中心[J].信阳师范学院学报(哲学社会科学版),2007(03):1-4.该文指出：清初易学界围绕"图书之学"的有关问题进行了激烈的论争，反图书派从文献考证和辨伪的角度，对宋易中的河洛之学进行了全面的清算，指出宋易中的图书之学并非《周易》经传的原貌，而是出自宋人的作伪与附会，图书派则秉承了宋易的立场，认为"河图洛书"是圣人作易的来源.
③ 蔡运章.河图洛书之谜[J].文史知识,1994(03):35-39.该文认为：陕西华县出土的距今6000年的陶器上，有用锥刺成的由55个小圆圈组成的三角形图案，可能就是原始的河图。还认为安徽阜阳出土的大乙九宫占盘与洛书相通，安徽含山玉版与《易纬·乾凿度》中所说的洛书数理相合，玉版上的图案和圆孔当是原始的洛书和八卦的象征。并推测，河图洛书产生于伏羲时代的传说，是信而有证的。

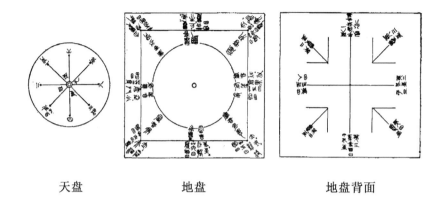

天盘　　　　　地盘　　　　　地盘背面

图 3-10 安徽阜阳出土的大乙九宫占盘[①]

符号的起源向前大幅推进，是目前考古发掘中发现最早的类太极符号。陈久金、张敬国对玉版图案的破译工作，实证了洛书与八卦的端倪在5000年前就已存在，并认为其代表了新石器时代先民对天文历法的认识[②]。含山玉版中部出现的八角星形神秘图纹，在我国很多地方屡屡出现，有专家认为这是传说中的河图，有的认为是古代太阳方位图，尚无定论，但其与中国古代易学有关这一事实，得到了多数学者的认可[③]（图3-11）。八角星形之外的八方放射图形疑为早期的八卦图式，外框

---

① 王襄天,韩自强.阜阳双古堆西汉汝阴侯墓发掘简报[J].文物,1978(08):12-31+98-99.
② 陈久金,张敬国.含山出土玉片图形试考[J].文物,1989(04):14-17.文中对玉版与八卦、洛书的联系有如下论述:玉片的八方图形与中心象征太阳的图形相配,符合我国古代的原始八卦理论,玉片四周的四、五、九、五之数,与洛书"太一下行八卦之宫每四乃还中央"相合,根据古籍中八卦源于河图、洛书的记载,玉片图形表现的内容应为原始八卦。出土时,玉片与玉龟叠压在一起,说明了此玉片图形与玉龟的密切关系。故推测含山县所出的玉龟和玉片,有可能是远古洛书和八卦。
③ 韦章炳.刍议《连山》《水书》与含山玉版之谜[C]//首届国学国医岳麓论坛暨第九届全国易学与科学学会研讨会、第十届全国中医药文化学会研讨会论文集,2007:81-86.该文认为含山玉版有可能就是《连山》《水书》或《归藏》的中国最早期太极图,并认为八角星形可能是《连山》易的代表符号。文中对含山玉版有详细描述:玉版藏于玉龟腹中,中心部位刻有两个同心圆,圆中心有一个八角图像;两圆之间以直线均分八区,每区内各琢一个叶纹矢标,分指八方。外圆之外琢四个矢标,分指玉片四角。四边钻有小孔,一长边有9孔,另一长边有4孔,两条短边各钻有5个小孔。玉龟背中钻有8孔,龟腹钻有5孔。玉片中心纹样与1974年泰安大汶口遗址出土的彩色夏代陶尊一般无二,均为八角星纹图案这一绝代的神秘图纹。

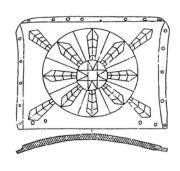 

图 3-11 含山县凌家滩遗址出土的玉版及八角星形符号①

位置为用圆点代表的数理符号,该符号与洛书数理逻辑完全一致。更为神奇的是,这块出土的玉版夹在玉龟的背甲和腹甲之间,这与洛书"神龟贡书"的传说恰相吻合②。从设计符号语构角度看,含山玉版的形式实证了"中间义理图像—外围象数图像"的构图模式在5000年前就已经出现。这对义理—型—象数型两大太极图式的共存并行传承提供了有力证据,且证明了义理型符号并不晚于象数型符号出现。

1995 年,四川绵阳永兴双包山出土西汉木胎漆盘,绘有明显的与现代阴阳鱼太极形式接近的图式,区别之处在于其图案内部填充有"鸟""耳"图形(图 3-12),被学界称为"双耳双鸟太极图"。该图是中华人民共和国成立后在四川、河南、湖北、安徽、江苏等地汉墓出土的类似图案的代表。尽管考古学界对此图是否为太极图整体持谨慎态度,但王先胜对该类阴阳鱼太极符号充分地释读并提出极为明确的观点,认为此图是纪念老子而做,将其称为"老子太极图",周边符号也与八卦术数符号系统内涵一致。并指出该太极图的发现,确证了西汉前期道家易学还大体保存着上古易学的原

---

① 赵树中,胥泽蓉,何志国,唐光孝,陈显双.绵阳永兴双包山二号西汉木椁墓发掘简报[J].物,1996(10):13-29,97,1-2,1.
② 蔡运章.河图洛书之谜[J].文史知识,1994(03):35-39.

图 3-12 西汉木胎漆盘双耳双鸟太极图

貌，其与道教及古天文历法有着非常紧密的或内在的联系[①]。尽管笔者对阴阳鱼太极图的溯源文献一直持保守态度，但对此图为太极图的观点完全支持，该木胎漆盘图形外圈密布的神秘图符，明显具有天文历法的提示语境，可认定其包含的类太极造型绝非美学图案。因此，阴阳鱼图式应当最迟在西汉已存。

在含山玉版与西汉木胎漆盘之间，即从新石器时代到西汉的漫长时间跨度之间，还存在诸多与太极图类似形态的纹饰，但证据并非确凿。因此，尚缺乏可连续观察的太极图像演进脉络的符号例证。部分学者试图将商、周时期的中古代器物装饰中存在的类阴阳鱼结构、纹饰图案研判为太极图，从而填补演进上的空白，如张远山认为西周伯公父壶盖面、仲南父壶盖面上的"团身鸟纹"是阴阳

---

① 王先胜.绵阳出土西汉木胎漆盘纹饰识读及其重要意义[J].宗教学研究,2003(02):14-30,146.王先胜认为此器物是太极八卦盘,其纹饰内涵包括老子太极图、八卦六十四卦生成序、河图洛书、十月太阳历、阴阳合历、二十八宿、干支、节气、大衍数等几乎所有中国古代天文历法和《周易》数理。认为虽然其外围神秘符号与当世之八卦不同，但其漆盘沿口纹饰总数64个（组），与盘底中心的老子太极图结合，可表达《周易》的宇宙生成观。两种八卦符号的爻画总数是100，为河图数55、洛书数45之和。爻数卦（本身为64数表示六十四卦）之外的纹饰计144数，合《易传》"坤之策百四十有四"，仍然暗示其与道家易、《归藏》易有关。

伯公父壶盖面纹样　　　　　　　　仲南父壶盖面纹样

图 3-13 西周青铜器上的类太极形态纹饰

鱼型太极图（图 3-13），甚至将形态差异较大的盖肩一方连续纹样也认定为"太极方图"。但笔者认为，太极图式的所指是先民宇宙观思想的体现，在没有明确证据表明这些装饰图的意指之前，多数器物上的"类太极图形"还是归为美学造物范畴为宜。值得一提的是，数十年来我国考古学家持续将文献研究与最新发现结合，为太极、八卦、河图洛书等所指代的宇宙概念自上古时代延续至汉做出了文字上的理论支持，也从侧面弥补了这一阶段"不见其形"的欠缺。王先胜曾在《太极八卦三千年》一文中对其中重要的工作做出如下总结：

　　1986 年，陈久金提出阴阳五行八卦均起源于远古天文历法、十月太阳历，早期"太极"即指一年，"阴阳"即一年中的冬、夏两个半年，"四象八卦"即四时八节，"五行"即十月历的五季，河图洛书亦与十月太阳历有关[①]。 1988 年，连劭名发表《商代的四方风名与八卦》，通过对殷墟

---

① 陈久金.阴阳五行八卦起源新探[J].自然科学史研究第5卷,1986,2.

甲骨文四方风名及《山海经》《尚书·尧典》中有关资料的研究，认为商代甲骨文中四方风名、四方神名与后天八卦之四仲卦名相合，说明后天八卦图及卦气说（反映八卦与天文历法、季节之关系）至少可以追溯到商代而非秦汉人所附会①。1993年，湖北江陵王家台15号秦墓《归藏》竹简出土，使传说中的"三易"夏《连山》、商《归藏》、周《周易》可能完全得到证实，《连山》《归藏》在历史上可能是一种真实存在②。

通过对太极图式流变演进的考察，出现了从伏羲时代至西汉，从西汉到宋明之间两段跨度较大的空缺。究其原因，张远山认为太极图长期被拟形、隐藏、秘传，不在传统显学的范围之内③。王先胜认为宋明"易图学"的突然兴起与道家易学、道教易学传出有关，也侧面说明了太极图符自西汉直至宋明长期例证缺乏的原因可能与道家易学秘而不传有关④。正如清代胡煦在《周易函书约存》中所言："大抵周后汉初，儒流专门之学，率是口耳授受，故凡有文辞可记诵者有传，遇无文辞可记诵者无传"，"若先天古易，止有卦画，河图洛书只有图像，则儒家亦不传，是以汉魏晋唐宋初之儒不见图书，羲易图书不传于儒流，而方伎家藉此窃窥造化乃秘宝之"。此外，图书之学在历史传承期间曾屡遭封禁、焚毁、散亡等厄运，也是太极一类图式长期灭失的主要原因⑤。

2. 宋代以降的传世太极符号

宋代以后，随着儒、道、阴阳五行逐渐成为显学，有据可考的传世太极图肇始于世，直至明清的各代先哲依据自身对易道的不

---

① 连劭名.商代的四方风名与八卦[J].文物,1988(11).
② 刑文.秦简归藏与周易用商[J].文物,2000(2).
③ 张远山.伏羲之道[M].长沙:岳麓书社,2015.
④ 王先胜.绵阳出土西汉木胎漆盘纹饰识读及其重要意义[J].宗教学研究,2003(2).
⑤ 杨作龙.太极图河洛探源[J].洛阳师范学院学报,2004(6).该文作者认为：邵雍所以能为孔子《说卦传》做出权威注释,完全基于对两种太极图的认识,即先天古太极图是上阳下阴的反S形曲线图形,后天八卦太极图是左阳右阴、逆旋左行的S形图像。

同理解，加以考证或改良，产生了十数种不同形式的太极图，依据形态大体可分为三类：Ⅰ型阴阳鱼型太极图、Ⅱ型周敦颐型太极图、Ⅲ型来知德型太极图。

Ⅰ型阴阳鱼型太极图。是当今最广为世人所知的"天下第一图"的母型。李申在1991年认为该图最早出现于1368年，即明初赵撝谦所作的《六书本义》中的"天地自然河图"[①]，又称"先天太极图"或"天地自然之图"。后世所制阴阳鱼太极图基本未脱离此图基本样式；李仕澂不晚于1994年发现南宋张行成《翼玄》中载有阴阳鱼太极图，名为"先天图"，将阴阳鱼太极图出现的年代推前至1166年左右[②]；杨作龙于2005年发现北宋朱长文所撰《易经解》中已载有阴阳鱼太极图，其年代应不早于960年[③]，该图名为"伏羲八卦方位图"，这也是目前为止有据可考年代最为久远的传世太极图。此图中阴阳鱼太极在八卦图之中的比例较小，但形式与今本太极图几乎相同（图3-14）。就名称来说，"太极"二字实质上长期以来特指周敦颐型五层图式，阴阳鱼圆图至少在明初还被称为"天地自然河图"。直到明末章潢将宋代朱震、杨甲，元代张理、吴澄，明初赵撝谦、韩邦奇等人易图汇集一体，辑出一本《图书编》，并在卷首设"阴阳鱼圆图"，将其命名为"古太极图"，阴阳鱼圆图才至此第一次实现了与"太极"的名实合一，章潢还将"天地自然河图"的泪滴形鱼眼改变为圆点形，为阴阳鱼型向今本太极图的演进归一推进了关键一步。稍晚明代赵仲全依据赵撝谦图式，在《道学正宗》中也绘制了一张名为"古太极图"的类似图式，区别在于阴阳鱼被划分为八块。

从设计符号的亚类型看，我们可把阴阳鱼太极图分为三类，一类是

[①] 李申.太极图渊源辩[J].周易研究,1991(01):24-35.李申所著的《话说太极图》与《周易与易图》在该领域有一定影响力,书中论述阴阳鱼太极图形成于明代,并对周敦颐创作太极图提出了充分的证明。
[②] 李仕澂.玻尔"并协原理"与八卦太极图[J].周易研究,1994(4).
[③] 杨作龙.探索河洛文化的物象之源[N].光明日报,2005-1-16.

伏羲八卦方位图
（北宋）朱长文《易经解》

先天图
（南宋）张行成《翼玄》

天地自然河图
（先天太极图）
（明）赵㧑谦《六书本义》

古太极图
（参同契太极图）
（明）赵仲全《道学正宗》

古太极图
（明）章潢《图书编》

左辅太极后图
（明）左辅《泾川文集·太极后图》

图 3-14 Ⅰ型阴阳鱼太极图

遵循半圆制图法产生的今本太极图及北宋朱长文版太极图（A型），一类是北宋陈抟所传的先天图体系，即更像鱼形的南宋张行成版、明代赵㧑谦版、赵仲全版、章潢版太极图（B型），另有一种无鱼眼的阴阳鱼太极图，为明代左辅所制（C型）。A型使用规范的半圆形几何制图法，全部线条均与圆形切线相交，视觉无断点，图像美感优势显著。但其问题在于半圆形制图法产生的图式与卦象的数理逻辑不符，并不能完美地反映易学要旨，这恰是其与B型太极图产生分野的根本原因。事实上，先天太极图、天地自然河图、古太极图等B型图式的"类鱼形态边界"可以被卦象的数理规律完美解释[1]，并与现代的二进制有关[2]（图3-15）。因此，A型注重外在美学，B型则注重意义本身。

C型左辅太极后图，是基于阴阳鱼太极图理念向周敦颐太极图折衷的特例，该图载于明代《泾川文集·太极后图》，特点在于对"阴阳互根"的表达上，采用正反色曲线对阴阳二部交接之处加以表达，与阴阳鱼型使用"鱼眼"方式存在显著差异。我们也可理解为该图融合了Ⅰ型阴阳鱼型太极图与Ⅱ型周敦颐型太极图的各自特征。对此，左辅在《太极后图说》阐述了自己的理念：周氏"太极一图，别立于阴阳五行男女万物之上，则有异乎形而上下之谓焉。此其图之所以不尽意也。"故"窃取夫子之意而发挥于周子之图"[3]。按此表述，此图应依周敦颐太极图形象而制，但从视觉占比角度看，其阴阳分界线方向已由子午线转换为戊己线，且呈S形曲线形式，揭示了立夏与立冬节气之间的运动变化规

---

[1] 李仕澂.论太极图的形成及其与古天文观察的关系[J].东南文化,1991(Z1):2-31.文章论证了《八卦太极图》源于北宋陈抟的先天图体系,其形成与月相和太阳域景等天文观察有关,明确指出：除先天图以外任何目前所见六十四卦排列都画不出《太极图》,后天八卦太极图不存在!它的流行是后人不明画法的错误移植和讹传。还指出,简单地用半圆作画的太极图,是一幅不符合《易经》和自然规律的图案画。
[2] 施忠连.先天图与二进制巧合的秘密[J].哲学研究,1985(02):55-59.文章认为：先天图中的二分法与莱布尼茨的二进制,两者一个讲对分,一个讲进位,完全相反,但是它们都是靠两个符号的规则排列表示无限的事物或数字,说明了在运用符号排列进行抽象思维方面,东西方哲人有着惊人的相似。
[3] 刘亮.太极图解（下）[DB/OL].新浪博客,2009-02-07.http://blog.sina.com.cn/s/blog_5c71cdab0100c993.html.

律，使之整体呈现阴阳鱼的造型状态，故应归为阴阳鱼型。

从设计美学审视，北宋朱长文版图式年代最早，具有与今本太极图相同的半圆形制图逻辑的美学优点，但问题在于太极图在八卦全图中的比例过小，不甚醒目，相较于今本太极八卦组合图的比例配置，存在较大的信息传达问题。南宋张行成版太极图阴阳鱼形极为明显，且太极图在整个图中比例加大，相比朱长文版有了一定改善，但与整体相比尺度还是略小。

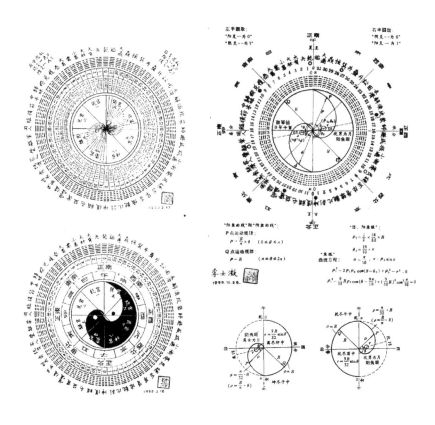

图3-15 李仕澂使用自然科学方法推演太极数学原理（摘选）[①]

---

① 李仕澂.论太极图的形成及其与古天文观察的关系[J].东南文化,1991(Z1):2-31.

赵撝谦、赵仲全版太极图则与张氏太极图形状类似，且较好地改良了太极与外圈八卦的比例配合问题，太极在尺度上成为真正的视觉主体，体现出了较高的美感，但其鱼眼呈泪滴状，从图形审美角度来看，该鱼眼没有考虑完美地与鱼身"顺形"，有图案内部冲突之虞。章潢版太极图尽管实现了鱼眼向圆形的进化，但鱼身狭瘦，反不及"天地自然河图"。一言以蔽之，从现代图形设计视角审视，上述版本太极图存在不同程度的图案美学问题。

视觉不完美的图像，显然不能胜任用以表述"太极"这一至简至极的易学核心概念。艺术形式与科学内涵融汇于一点的"大道归一"视觉表达，需要不可撼动的完美图形，而只有采用圆形制图法方可产生这种效果。因此，在内涵意义几乎接近的情况下，宋至明清以降的各种阴阳鱼太极图逐渐被当今流行图式所"统一"，实质是一种历时性的美学趋同，正圆形制图以其巨大的美学优势在这一过程中起到决定性作用，从这个角度来说，舍弃部分符号内涵意义的正确性，让位于图像视觉比例的协调性，这并不是功能向审美的一种折衷，而是古代科技向艺术融合的集中表现。

II型周敦颐太极图。又称为数层组合图式，关于该图来源，一说由陈抟传承有序至周敦颐，一说由周敦颐自创，一说源自唐代《道藏·上方大洞真元妙经图》[①]，自宋代以来就争议颇大，尤以清代为甚，至今尚无

[①] 郭彧.《太极图》渊源研究之我见[DB/OL].新浪微博,2007-08-20.http://blog.sina.com.cn/s/blog_4e2e3c1a01000bl4.html. 在明《正统道藏·洞玄部·灵图类》中，有《上方大洞真元妙经品》，其中载有"太极先天图"，前有"唐明皇御制序"一语。因此，清朱彝尊在《太极图授受考》中认为陈抟、周敦颐等太极图都是《上方大洞真元妙经》中的"太极先天图"衍变而来。但后世有学者认为道教经籍中，假托神仙、名人授、撰的情况很多，其目的是为了抬高所著经籍的名声地位。郭彧对源于《道藏·上方大洞真元妙经图》之说有如下论述：清毛奇龄："或云其图在隋唐之间，有道士作《真元品》者，先窃其图入《品》中，为太极先天之图，此即抟之窃之图也，且称名'无极'二字，在唐玄宗序中。"（《太极图说遗议》）又说："此在陈抟授图之前已行世者，是抟所为图，一本于《道藏·上方大洞真元妙经图》，一本于圭峰《禅源全集》，而总出于《参同契》，是真脏实据。"现代冯友兰、张岱年、侯外庐等许多学者赞成此说。近有人提出《上方大洞真元妙经图》乃是周敦颐以后的著作，其后两品及后序也不是唐代作品，唐明皇御

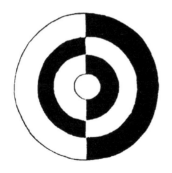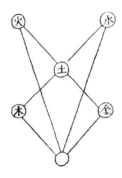

图 3-16 水火匡郭图和三五至精图（(后蜀)彭晓《周易参同契通真义》）

定论①。目前主流观点认为该型太极图当源于道教炼丹所用图式,最早见于后蜀彭晓《周易参同契通真义》本,名为"水火匡郭图"和"三五至精图"②,其中前者图中左半为离卦指代丹砂,右半为坎卦指代铅,当中小白圈指丹药,白者为阳爻,黑者为阴爻（图 3-16）。而理学鼻祖周敦颐成功地把道教炼丹图改造成了儒家的易学图式③。有学者认为,在周子绘制的数层组合图式中,至少其第二层图式（即阴阳圆图）、第三层图式（五行图）均应为脱胎于道教易学,但其所指意义却不相同,周子第二层图式中标注的"阳动阴静",证实了周子已脱离了唐五代道教易学"坎离"为生成本元的学说,转化为儒家易学的乾坤本元说,单就这一点来

制序亦为伪造。（王卡《道藏提要》、李申《太极图渊源辨》）所据不一,尚有争议。此外,郭先生还认为后蜀彭晓《周易参同契通真义》本中"水火匡郭图"也未必为真。
① 王诚.周敦颐《太极图》源流考辨[J].船山学刊,2009(03):106-111.
② 白发红.以《说》证《图》:周子《太极图》试析[J].周易研究,2019(02):65-73.该文作者认为:所谓《水火匡郭图》可能是子虚乌有的事情,不过以《参同契》为开端的道教易学重视坎离二卦,则是不争的事实。
③ 林忠军.周敦颐《太极图》易学发微[J].孔子研究,2000(01):95-102.作者认为,就图式而言,周氏的确抄袭了道家的修炼图。但他将道教修炼图置于儒家文化中,这又是他的创造和心得,也是他的《太极图》与道教修炼图的本质区别。古人言周敦颐《太极图》非自作,多就其基本图式而言的;而称其自作,多就指他将道教修炼图巧妙改造成为具有易学意义的图式而言的。

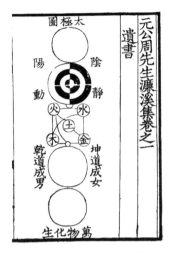

图 3-17 周敦颐数层组合太极图式

说该图实为融合了"道—儒"的创造性转化。

于道教易学,但其所指意义却不相同,周子第二层图式中标注的"阳动阴静",证实了周子已脱离了唐五代道教易学"坎离"为生成本元的学说,转化为儒家易学的乾坤本元说,单就这一点来说该图实为融合了"道—儒"的创造性转化[①]。

周敦颐数层组合图式重在表达系统之间前后生发的线性逻辑关系,这与阴阳鱼太极图—八卦将丰富内涵集于一圆的放射性逻辑关系完全不同,可以说前者重"过程",后者重"结果"。依据周子《太极图说》的解释,进一步观察各层图像符号,该图各层分别指代:"无极而太极"(配圆圈图)、"阳动阴静"(配阴阳圆圈图)、"五气顺布"(配五行图)、"万物化生"(配上下两个圆圈,配文"乾道成男、坤道成女")、"立人极"(有说无图)等五层意义,其图式布局合理,层次分明,体系完整大方,在解说上把儒、道、释三家思想的精华融汇到一起,浑然一体[②],实质上描绘了宇

---

① 卢国龙.周敦颐《太极图》渊源辨[M]//刘大均主编.百年易学菁华集成初编·易学史(4).上海:上海科学技术文献出版社,2010:1541-1549.
② 乌恩溥.《太极图说》探源[J].社会科学战线,1982(02):13-20.

宙的形成与发展，阐述了自然及人为事物发展的过程与规律（图3-17）。

除去尚且存疑的唐、五代时期的该型太极图，可考证最早版本为周敦颐所作的太极图应为北宋朱震所出[①]，后杨甲、朱熹、张景岳等均对其有所修订，致使该型变体颇多，后世产生的诸多衍图，主要是因义理变动导致阴阳图、五行图、配文的形式、位置、内容等细节变化，其中以朱熹版本影响力最大。各版本图式的细节不同源于周子太极图的传承者对"无极""阴阳""化生"等各层概念的不同认识所致（图3-18）。

需要明确的是，周敦颐太极图是由五个符号共同构成"太极"概念，单独第二层并不能代表阴阳鱼太极的全部含义，但该部分指涉"阳动阴静"，与本书所指的太极图形阴阳意义最为相关，因此，有必要对其单独抽取加以重点考察。该部分以黑白对比的同心圆环及直线分割体现太极阴阳概念，并以此为核心与其他符号共同组成多层图式，忽略各版本的圆环圈数不同、左右黑白位置转换等细节差异，仍可发现一大流变规律：宋代及以前该图正中均有空白圆圈，阐述了"无极生太极"或"无极即太极"的概念。而明代张景岳版的太极图中，空白圆圈变为阴阳对分圆，体现了这一理念的变化，明代恰是阴阳鱼太极图走向显性的时代，从景岳太极图中似乎可看到这种"一元论暗示，二元论明示"的演进端倪（图3-19）。

回溯到时间脉络的前端，疑似唐代的"道妙惚恍之图"与南宋出现的"旧有此图"引起了我们的注意，换言之，不迟于北宋时期，曾出现过一款沿"两仪、四象、八卦"化生的中心放射图形，其中"阴阳"部分与周敦颐太极图第二层的"删减版"极其相似，中心为"无极"，外圈是黑白分割的圆环结构。但从该图的圆环放射结构来看，也

[①] 林忠军.周敦颐《太极图》易学发微[J].孔子研究,2000(01):95-102.作者认为,按照《年谱》记载,周敦颐在宋真宗六年作《太极图》。自南宋始,许多思想家在其著作中收录了周敦颐的《太极图》，如南宋朱震《汉上易传》、佚名氏《周易图》、朱熹《太极图说解》皆有此图。清人黄宗炎《图学辨惑》、张惠言《易图条辨》等也收有此图。这些太极图画法大同小异。其中较早的是朱震所收的周子《太极图》。按照清人毛奇龄考证,朱震所收的《太极图》是周子"亲见其图而摩画之"，"其图之最真而最先已了然矣。"

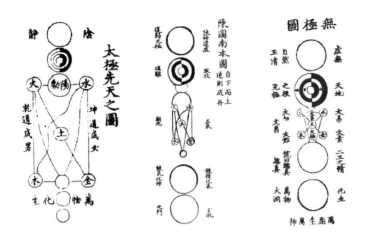

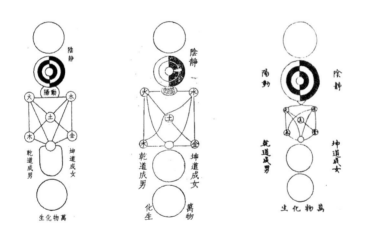

图 3-18 周敦颐型太极图题注与图案之间存在细节差异[①]

---

① 郭彧.《周氏太极图》原图考[J].周易研究,2004(03):39-45.本图在此文献配图基础之上进行了增补梳理。

太极先天图

传为（唐）《上方大洞真元妙经图》

水火匡郭图

（后蜀）彭晓《周易经参同契通真义》

周敦颐太极图（朱震版）

传为（北宋）陈抟所传

周敦颐太极图（杨甲版）

（南宋）杨甲《六经图·大易象数钩深图》

周敦颐太极图（朱熹版）

南宋 朱熹 整理改动《太极图说解》

景岳太极图

（明）张景岳《类经图翼》

图 3-19 Ⅱ型周敦颐太极图第二层图式的多元形式

可被解读为"阴阳鱼太极＋八卦"的构图方式。这种兼具周敦颐型与阴阳鱼型的双向可读特征，让我们不禁猜测此图是宋代以降各型太极图的源头，这也为道教易学与儒教易学的融合提供了图证（图 3-20）。

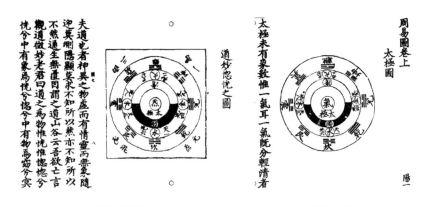

道妙惚恍之图	旧有此图
传为（唐）《上方大洞真元妙经图》 载于（明）《道藏·周易图》	（南宋）杨甲《六经图·大易象数钩深图》 载于（明）《道藏·周易图》中所录"太极图"

图3-20 兼具Ⅰ型阴阳鱼与Ⅱ型周敦颐太极图特征的图式

Ⅲ型来知德太极图。来知德太极图本名"来瞿塘圆图"，载于其著作《易经来注图解》之中，该图与阴阳鱼太极图实质是义理相同的两种差异化表达图式。该图式最初见于明代韩邦奇于1503年所著的《易学启蒙意见》中，图像整体呈阴阳旋涡状，且图中心保留有白色圆圈，该中心留白部分与周敦颐太极图形态一致，但其含义并非周敦颐太极图所指的"无极"概念，分歧在于如何解释"无极而太极"：周敦颐认为"以无为本、有无为二"，以"无"解释太极。而韩邦奇以"有"解释太极，认为这个"有"是"元气"，他的白色圆圈依据的是"天地万物本同一气"的世界观，他在《易学启蒙意见》中道："天地之间，气而已。分而为二，则为阴阳而五行，造化万物，始终无不管于是焉[①]。"尽管从时间前后来看，来氏太极图应是受到了韩氏版本的影响，但由于来知德是继朱熹之后集理、象、数于一身的易学大师，在易学领域拥有"孔子以来未曾有"的巨大影响力，因此这种旋涡形太极图还是被称为来氏太极图。也有学者认为此图与韩氏版本无关，完全源于来知德自身对易学

---

① 葛荣晋.韩邦奇哲学思想初探[J].孔子研究,1988(01):113-120.

韩邦奇太极图

图载于《易学启蒙意见》
与来氏图似有传承关系

来知德太极图

载于《易经来注图解》
其名为来瞿塘圆图

来知德太极河图

来氏太极图与河图
融合形成太极河图

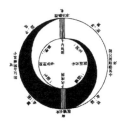

来知德伏羲八卦图

来之德太极图用于
解释八卦方位之图

来知德伏羲六十四卦图

来之德太极图用于解
释六十四卦方位之图

循环太极图

（清）胡煦所制太极图式
载于《周易函书约存》

图 3-21　Ⅱ型来知德型太极图

的理解，并结合对先天太极图的优化所独立创造（图3-21）。

来知德太极图结构曲线优美，曲率类似斐波那契数列，其旋涡状结构完美地解释了阴阳消长循环规律，是对天行数理的信息化凝练。这种信息化过程长达数百年，诸多易学家均有贡献：早在南宋时期，杨甲在《六经图》中就绘有一幅"卦爻律吕图"，将十二月卦依据十二月令排列，用白色圆圈代表阳爻，用两个黑点代表阴爻，黑白的部分逐渐递增递减，形成完美的圆图。后续元代胡一桂所著的《周易启蒙翼传》中"文王十二月卦气图"改用黑白条块表示这种现象，让圆图的信息更为直观醒目；我们把上述俩图的阴爻—阳爻分布边界以圆滑曲线连接，可轻易地看出其形态与来氏太极图黑白轮廓结构完全相同（图 3-22）。因此，来氏太极图实证了"义理"来源于"象数"的图式演进过程。在《易经来注图解》中，来知德还依据此图衍生出太极河图、伏羲八卦图、六十四卦图等图式，他的图式深刻地影响了一批易学家，清代胡煦的《周易函书约存》中太极图式显然也与来氏圆图一脉相承。尽管这一新兴图式最终没有取代后者，至清代渐渐式微，但其所指的太极理念无疑具备相当的理论基础，其优美的图形也在当今的标志设计、造型设计等领域大量应用。

  太极图发展后期产生的诸多衍图，为我们观察古人的图形同构思维提供了鲜活样本。来知德本人将其旋涡太极图与河图叠加组合，形成太极河图，将象数与义理完美融合一体，是一种叠加同构的手法；左辅太极图整体虽为阴阳鱼型，但其阴阳交界线显然融合了周敦颐型的特征，属于局部双关型图形同构；此外，周敦颐型的五层组合图式使之成为一个具有五个点位的毗邻轴，为其符号要素的局部替换提供了潜在的开放空间。事实上，周敦颐型的确在后世产生了诸多衍图，宋明时期图式改动的主要原因在于义理变动，主要集中在对二、三层的图案与配文微调。发展至清代及民国时期，"局部替换"成为修订该图形的手段，笔者发现清代就有将其第四层"乾道成男、坤道成女"圆圈用阴阳鱼太极替换的案例，而在 1942 年出版的民国道德总会经学讲习班版《河洛原理图解》中，竟将全图改为一列仅有四层，并将第一层改为阴阳鱼太极、第四层改为四向辐射圆形的"超级组合"样本，尽管该图式尚沿用"周子太极图"之

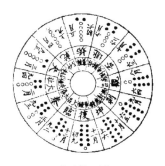

卦爻律吕图

（南宋）杨甲《六经图·大易象数钩深图》

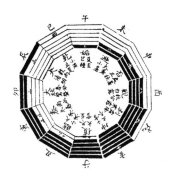

文王十二月卦气图

（元）胡一桂《周易启蒙翼传》

韩邦奇太极图

（明）韩邦奇《周易启蒙意见》

图 3-22 依据数理推演而来的来氏太极图演进路径

名，在义理上也可自圆其说，但显然已相去周子本意甚远，呈现出符号演进后期的因自由替换导致的"义理冗余"状态（图3-23）。

叠加式同构
来知德太极河图
（明）来知德《易经来注图解》
将太极与河图合并为一图表达

双关式同构
左辅太极后图
（明）左辅《泾川文集·太极后图》
阴阳鱼互根使用周敦颐型特征表达

替换式同构
太极图
（清）孙埏《初学行文语类·四卷》
周敦颐图式第4层被替换，3层微调

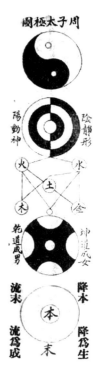

替换式同构
周氏太极图
（民国）门星桥《河洛原理图解》
周敦颐图式第1、4层替换，5层微调

图3-23 各类型太极图的符号同构方式 [①]

[①] 图中最右一图为民国道德总会经学讲习班版《河洛原理图解》（门星桥著，民国31年）中"周氏太极图"，原图将一至四层列为第一列，将第五层另左一列居最上，本书为便于观看，重新排为一列。原图如此处理疑因是排版不下所致，亦或作者本意就要将周氏的五层图式拆分为"4+1"的两组概念。

3. 太极符号的演进逻辑与内外动因

太极符号的流变演进,是设计符号"点—线—图—文"多种形态协同作用的结果。象数型太极经历了从"点孔式"(含山玉版)到"点线式"(河图洛书),最终到"线图式"(八卦图)的流变过程。含山玉版时代的先人根据天象规律创造数理符号,用"点孔"表示复杂的象数规律,经长期演化,"点孔式"被后人归纳、整理、再造,直至河图洛书的"点线式"呈现于世人面前。八卦和六十四卦通过长线(阳爻)、短线(阴爻),建立了华夏的"二进制"符号系统,以"线图"来解释宏大深刻的天象规律。无论是上古时代类太极图周边的神秘符号,还是周敦颐太极中的辅助文字标识,"文"都发挥了对图像解释补充的重要作用。而"图"是古人信息设计思维的凝缩,含山玉版上的八角形图腾、西汉双耳双凤太极图,亦或陈抟无极图中简单的一个圈,都是上述复杂事物的抽象代码。

"点—线"是表达象数的两大方式,是符码;"图—文"是表达宇宙义理的两大载体,是符号;"点—线—文"三者构成了对"图"的解释。经过漫长的历时性演进,上述要素发展出了两种组合方式:一种为中心放射型,含山玉版(八角形+四周点孔)、西汉双耳双凤太极图(阴阳鱼+四周图符)、今本太极八卦图(阴阳鱼+八卦线)都是这类图式的代表;另一种则被称为周敦颐型太极图,通过平铺直叙的线性方式,连接起一系列表达义理概念的意象符号,并依据化生逻辑加以陈列,配以文字,形成数层组合太极图式。在后续的不断演进中,"线"逐渐替代了"点""字"与"图"也归为统一,逐渐形成当今流行的今本太极—八卦图式。

北宋以降的三类太极图式,呈现出"久分必合、久合必分"的发展规律。周敦颐太极图与阴阳鱼太极图在起源、发展上长期并行,但发展进程各有先后,周图兴盛于宋,式微于明,而阴阳鱼则反之，在阴阳鱼逐渐兴盛的明代，一方面产生了左辅太极后图这样与"阴阳鱼—周敦颐"特征兼具的融合图式，一方面产生了同为义理图式的来知德太极图，而这些衍生图式，后期与先天太极图等逐渐融合演进，最终被今本阴阳鱼太极图所替代。在对太极图式进行了历时性的详尽考察之后，可梳理得到如下重要的演进逻辑：

(1) 分合选退的演进逻辑

太极符号近千年的发展演进向我们描绘了这样一个过程：起始于义理不同产生的图式分离，流变于选择融合的思想碰撞，终止于图像竞争的淡化灭失。唐代"道妙惚恍之图"与宋代"旧有此图"显然是同一种图式的前后改良，而二者似乎在形态与意义上搭建起与其出现年代接近的阴阳鱼与周敦颐型之间的桥梁，让人对 I 型与 II 型太极图复杂而微妙的图源关系产生出无限联想。进入明代，来知德在阴阳鱼和旋涡形中作出了选择，认为后者更为符合太极本义，但实质二图义理同源。而来知德太极图中心的空白圆圈，又与周敦颐型所指相通。左辅太极图更像阴阳鱼，但受周敦颐型影响，反之，景岳太极图更像周敦颐型，但其中的部分已经改良为阴阳二元的形式。易学思想内涵变化的驱动，无疑是太极符号演进的根本内因。符号的外延形态受其内涵哲学思想发展变化影响，谁的思想占据统治地位，谁的图式就是主流权威，正是周敦颐、朱熹、来知德等易学大儒推崇并创作的太极图，才可以产生如此大的影响力，而当此类思想式微的时候，代表它的图像符号也就渐渐走向衰亡。因此，易学同源是图符交叉融合的内驱源泉，而义理之争是图符久合必分的核心动因（图3-24）。

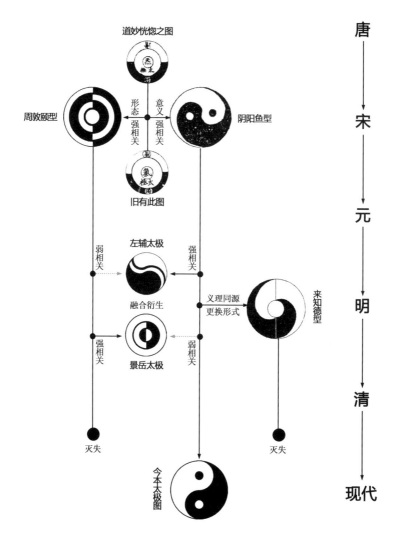

图 3-24 三大类型太极图交叉融合演进路径

(2) 象数符号生成义理符号

易学认为太极化生万物,但从符号学角度看却完全相反,应是万物化生太极。纵观太极符号发展史,整体上是象数型符号出现

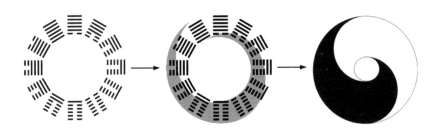

将十二月卦依十二月令排列,并把阴爻-阳爻分布边界以圆滑曲线连接,可看出形态与来氏太极图极其类似

图 3-25 十二消息卦信息图可推导出来氏太极图形态

在前、义理类符号出现在后,呈现了从现象到本质的图形演进规律,这正是人类抽象思维的体现。太极图是周边其"化生"符号系统的抽象,换言之,义理类的阴阳鱼图并非故弄玄虚而来,它完美地符合外围八卦、六十四卦、十二消息卦等象数符号系统的数理规律,是基于对天象规律观察的推演凝练。从含山玉版中心八角星形符号及其四周点孔,到西汉双耳双鸟太极图周边密布的抽象字符,再到自宋代以降阴阳鱼、来知德太极图与数理推演的关系(图 3-25),无不可以推导出位于符号组合中心的母题符码是由外围象数符码演进而来。我们可以肯定地说,太极的形态来源于"象"之数化,即本质来源于现象。

(3) 流变存在自然选择现象

由于北宋朱长文版太极图及更早的西汉双耳双鸟太极图与今本太极图形制非常接近,因此,我们无法依据宋代以后流变情况就简单判定今本太极图是由先天图、天地自然河图、古太极图等同类阴阳鱼型

来知德型太极图
的数理推演过程

阴阳鱼-B型太极
的数理推演过程

图3-26 （明）来知德《易经来注图解》十二消息卦信息图[①]

图式"进化"而来，需要慎重看待，也许阴阳鱼Ⅰ型和Ⅱ型本就不是图像形式传承演进的关系，而是类似古生物的"物竞天择"进化逻辑。

　　就义理型太极图而言，同一意义下的形式选择，具有一定偶发性。来知德型的出现，就证明了象征性符号的产生是偶发性与必然性的协调统一。来知德在《易经来注图解》中绘制了一系列十二消息卦图，其黑白条块的分布趋势显示出两种太极图过程形象，不但可推演出旋涡形图式，亦可推演出阴阳鱼图式（图3-26），因此，来知德事实上拥有两种太极图的选择权，只不过他认为旋涡形相对更合太极数理本意，因此"选择"了来氏太极图式，这是偶发性。但两种图式背后几乎相近的易学数理逻辑，又是其必然性，因此，符号约定俗成的过程是偶发性与必然性共同作用的结果。

[①] 该图摘录于李仕澂《论太极图的形成及其与古天文观察的关系》一文。

(4) 语意向语构的演进逻辑

西汉太极图的鸟代表阴，耳朵代表阳，但可以代表阴阳的形象是无限的，正如在系谱轴库中的符号那样，完全可以取出男、女替换耳朵和鸟，所以这种言语的符号形式还没有进化成语言和语法规则，后世简洁地通过黑色代表阴、白色代表阳，相当于把符号重点从毗邻关系转移到系谱关系之上，凝缩为最基本的语构组合法则。形式的简洁带来了更快的符号解读过程，并为据此演化出无数可能的太极"言语"形式提供了潜力。

(5) 演进流变的外在动因

易学思想流变是图符演进流变的内驱力，而形态的优劣是图符进化的外在动因。这个外在动因代表了三大图符形态进化趋势：其一是向信息简洁的趋势进化，即只有符合快速传达及正确认知的设计要求，才更有可能在漫长的符号演进中存活下来。周敦颐型太极图使用复杂的数层组合图式，不如阴阳鱼型更符合传播逻辑，因此最终灭失于主流视野之中；其二是向更优组合的方式进化，阴阳鱼型与周敦颐型的长期并行，但最终被前者所统一，其本质原因是"中心义理+周边数理"的放射型结构较"义理阵列"的数层组合结构更优；其三是向大众审美需求进化，宋明以降的各种阴阳鱼太极图无疑更符合数理规律，但却逐渐被当本太极图归化，本质上是半圆形制图更符合大众对图像比例、几何化趋势的审美需求。此外，使用尺规作图的今本太极图在语构上具有不可更改性，而先天太极图等的S形线条不易规范与绘制。因此，尽管阴阳鱼I型的数理符合度较II型存在差距，但却因审美优势得到了生存延续。

四、类太极符号的造物规律

在漫长的历史文化发展过程中，先民创造了无数类太极符号。有人认为上古时代出现的某些图案是太极符号的初期形式，但因无法确切证明，所以均归为类太极符号。本书提及的类太极符号指在形式上接近阴阳鱼太极图的构成样式，或在内涵上符合太极符号所指意义的图案、信文、器物符号。

1. 类阴阳鱼太极符号

阴阳鱼太极图式具有显著的设计语构适用优势。基于圆形轮廓的构成具有体积相等的视觉感受、运动变化的均衡之美、一阴一阳的黑白对比、互根互含的符号表达等优势，从而被古代造物实践广泛应用，这些应用行为并非一定来自追求"太极"本义，而是源于其语构审美特征。在很多年代久远的器物上，存在着大量的类太极装饰符号，部分学者将其认定成为太极符号的滥觞，笔者却认为这仅是先民在造物过程中对类太极图形均衡与动感之美的装饰性应用（图3-27）。

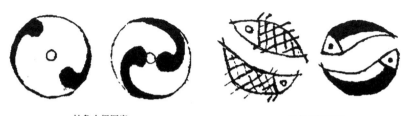

抽象太极图案　　　　　　具象太极图案

图 3-27 新石器时代器物上出现的类太极纹样

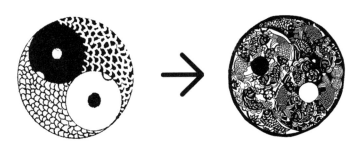

太极符号的具象变体图案　　　　　太极语构的图案丰富化
（开封延庆观）　　　　　　　　　（当代剪纸艺术）

图 3-28 太极语构规则下语意的丰富与具象化

宋明以后，太极图式成为易理的代表，更成为道教易学的核心视觉符码，因此被广泛地用作宗教造物的蓝本。其祈福辟邪的衍生功能，也在民间造物中产生了广泛的影响，成为了器物衍生装饰纹样的"龙骨"。从设计符号学角度审视，太极符号的所指意高度凝练了中华文明的核心思想，使其在衍生形式拓展方面具有极大潜力，阴阳鱼基本形式的系谱结构点位，可以被民族文化符号库中大量形象替换，通过适合纹样的方式，表达出更为丰富多元的内涵（图 3-28）。

更多的传统器物则直接将太极八卦符号作为一种装饰"嵌入"至图案之中，或者直接成为器物立体造型的形态来源。太极图的基本语构经过简单变异，可产生多种视觉对称图案，在先民的造物装饰活动中得到广泛应用（图 3-29）。

纹样整体与阴阳鱼相符　　纹样整体与阴阳鱼相符　　依据阴阳鱼对称布局
视觉主体与鱼眼位重合　　视觉主体位于S形边缘　　形成循环呼应的纹样

应用于二维器物装饰　　应用于二维器物装饰　　应用于三维器物造型

图 3-29　太极符号在民用层次上的应用

　　类太极符号变体繁多，从古至今的造物者们，在尊重太极图语构特征的基础上，对其下位符码要素的形态施加变化，加以个性化设计言语的发挥，变其形而留其神，通过鱼眼大小、黑白比例、轮廓替换等处的变化，产生丰富的造型变体。太极符号至少在图案设计语构上可产生 6 种类型的变化方式，并在现代标志设计、产品设计等领域得到广泛应用（图 3-30、图 3-31）。

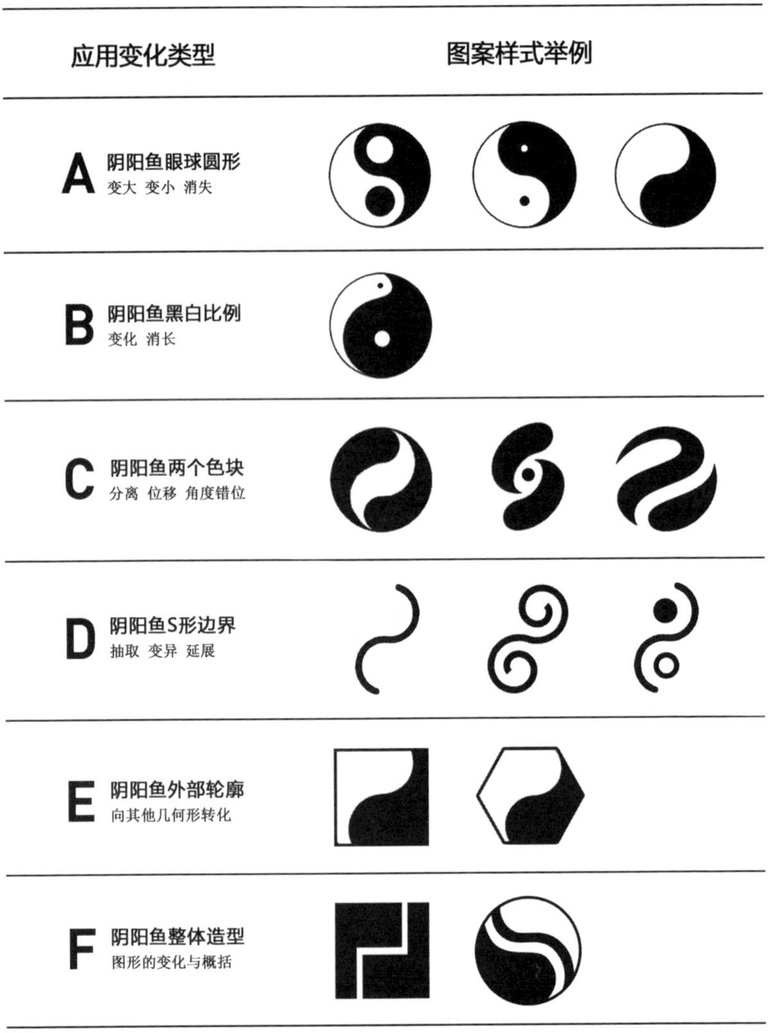

应用变化类型	图案样式举例
A 阴阳鱼眼球圆形 变大 变小 消失	
B 阴阳鱼黑白比例 变化 消长	
C 阴阳鱼两个色块 分离 位移 角度错位	
D 阴阳鱼S形边界 抽取 变异 延展	
E 阴阳鱼外部轮廓 向其他几何形转化	
F 阴阳鱼整体造型 图形的变化与概括	

图 3-30 太极符号语构的图案应用演变类型

图 3-31 当代设计中的太极图

2. 类"太极—八卦"中心放射形符号

太极—八卦的符号结合形式是中心放射辅助图形的代表。该形式遵从易学思想，通过太极化生八卦的意义，形成对世间万物的纵聚合指涉，将民间造物的造型与装饰题材切分为若干关联系，其意义传播目的主要集中在宣传礼教、祈福辟邪、追求审美等方面。中心图案是题材概念或祈愿内容的载体，是该人造物的"母题"。四周放射辅助图形是对"母题"图形的进一步解释或延伸表达，是该人造物的"子题"，"子题"可以选取相同或不同的题材来源，并围绕中心的"母题"图案沿圆周放射排布（图3-32）。"子题"由一系列代表具体意义的符号组合而来，一般选用大众认可度较高的成熟题材，如五福、五毒、八吉祥、十二生肖等，用符号学语言表述的话，这实质上体现了阴阳五行理论的纵聚和符号替换规则。其配置的符号数量也通常与象数对应，如代表八卦的8个、代表五行的5个、代表四象的4个或代表两仪的2个，五福捧寿图案就由5个蝙蝠围绕中间的寿字符组合而来。这种"类太极—八卦"中心放射图式的符号结构是先民造物行为中的成熟模式。

辅助符号为相同的8个宝莲放射对称

辅助符号为4个昆虫植物放射对称

图 3-32 题材相同与不同的中心放射造型外围图形案例

中心放射辅助图形的基本构图特点是：中心图案为类太极衍生圆形，四周为放射等分的圆形构图。先民在遵循该原则的同时，巧妙地依据个体的差异和智慧创造出多种表现形式，如在圆形符号组的外侧补齐圆四周的空白，实现由圆形轮廓向方形轮廓的形态转换，下图列举了该模式的主要亚类型（图3-33）。

应用变化类型		图案构成举例	
A	**双层语构类型** 太极+八卦		母题为太极或为其变体 辅助图形依据八卦演绎
B	**三层语构类型** 太极+八卦+四角填充		太极围绕八个抽象拱形 图案，四角另加扶翼菊 花纹实现圆形方形转化
C	**三层语构类型** 太极+八卦+放射外圈		母题为太极八卦图，外 圈图形为八卦衍生演绎
D	**四层语构类型** 太极+放射圈+八卦+放射圈		太极与八卦间插入一圈 十二生肖文字，最外圈 又使用生肖具象图案构 成四圈图案的同心圆语构

图 3-33 类太极八卦符号图案的衍生亚类型

五、太极符号对造物语意的影响

太极符号语意与中国传统设计观相通,张道一、李砚祖、高丰等前辈学者多有论述,依据本章分析结论,结合前人论点[1][2][3],可将太极符号特征在造物语意中的影响梳理为以下方面:

1. 太极系统观对造物语意的影响

周全圆满特征:该特征产生于太极宇宙一统的一元论,强调器物设计中要包含抽象的大系统,小系统是大系统的缩影,一物一世界,先民在一个钱币上就可以通过造型来涵盖天地方圆,就是这种思想的体现。这就要求人造物在特征上要具备大系统的性质与内涵,与"天地""五行""阴阳"等系统规则涵容。如先秦的车辆中,车盖为圆象征天,车体为方象征地,车盖辐条通过数量象征星辰。又如华服染有五色,指代构成宇宙的金、木、水、火、土五种基本物质。周全圆满永远是古今国人追求的人生目标。

系统关联特征:先民认为"万物化生",即系统可以二分为阴阳子系统,阴阳子系统又可再分为更小的系统,其中系统间关联为其要义,小系统间的性质意义必须或衍生克制、或相对相邻、或次第解释,总之必然符合某种关联规则。四神瓦当上的神话动物整体上指代了天地四方的大系统,代表了四象概念,而各个符码间背后的意义又需依据系统指代规则相邻相对,就是很好的例子。

暗示留白特征:先民认为系统无限大,因此对整个系统不可能全面认识与表达,所以在设计方法论上必须有所体现。《易·乾

---

[1] 张野.基于传统文化的语义学特征及其层次分析[D].北京:北京理工大学,2003:27.
[2] 高丰.美的造物——艺术设计历史与理论文集[M].北京:北京工艺美术出版社,2004.
[3] 左汉中.中国民间美术造型[M].长沙:湖南美术出版社,2006:137-141.

挂》中的"龙"指的就是宇宙和大道的无限性,从"群龙无首"到"大象无形",都要求我们的造物行为要偏重意境、以点带面、留有想象空间。

层类有序特征:古代的设计管理者根据阴阳属性、五行属性、阶级属性的不同,有意识地对造物行为中的形状、色彩、材质、肌理、纹饰作出了明确的安排与规范,万事万物都在系统中有自己的层级与类别,任何设计都要在遵从约定规则的前提下,通过毗邻轴的聚合符号替换达到设计的创新。

2. 太极均衡观对造物语意的影响

易学的均衡观体现了矛盾的意义相对性与能量均等性,由此产生了均衡对称的设计原则,这不仅仅是先民对审美视觉平衡的追求,也是易学阴阳均衡思想的体现,这种观念深刻影响了我国先民的造物行为。因万事万物均围绕"道"之概念而生,所以造物行为必须巧妙运用各种设计要素,围绕器物的物理与视觉中心,传达均衡对称的设计理念。"是生两仪"是轴对称的思想来源。"两仪生四象""三生万物"是中心对称的思想来源。先民通过造型、色彩、材质、肌理、纹饰等方面处处体现出均衡造物观。形式上,有中心对称、轴对称、重心对称、形态呼应对称等形式;意义上,有相似对称(如双龙戏珠)、互补对称(如龙凤呈祥)等。

3. 太极变化观对造物语意的影响

应时而变特征:从《易经》名称上我们就可以看到,"易"是适应系统矛盾转化的观点,是一切行为的准则,因此,"变"是古人在生活生产上奉行的核心理念。先民强调"天时地利材美物宜工巧",注重顺应外界变化需求和现实条件,巧妙解决器物在造型、色彩、材质、肌理等关键上的设计问题。

稳中有变特征:即在稳定造型基础上,强调矛盾共存、矛盾变化、矛盾转化等表达变化的形式,也是阴阳互根的一种体现。"虚中有实、实中有虚","疏可跑马、密不透风"等造物或绘画要诀是对此概念很好的诠释。中国古代瓷器釉彩画强调虚中有实的手法,筷子由方型转变为圆形的设计体现了方(地)圆(天)共存一体的辩证统一关系,这种变化统一于稳定之中,达成稳定系统内部存在变化的意义指向。

柔中带刚特征:这是一个审美学范畴的要求,也是中华民族传统器物设计的显著语意特征。中国的阴阳转化思想、中庸思想强调处理事情宜曲不宜直,在曲中表现直,因此"曲在直先""柔中带刚"是我们遵循的造物理念。明式家具无论在线条还是体块上都以曲线为主,少量的直线也会与曲线呼应形成优美的系统感,充分体现了这种造物语意要求。

"度"是矛盾双方性质变化的临界点,是中国哲学中的重要概念,是先民对待和控制事物发展变化的重要参考,对中国的设计审美产生了很大影响。"满招损""物极必反""月满则亏"等成语就是古人的谆谆教导,在设计中强调点到为止,尽量不把某种意义感受传达得过于明确具体,中国艺术中的"意境"就是这个道理。

第四章 崇神敬祖 以联天人

兽面纹是出现于夏代晚期，兴盛于商代和周代早期，衰退于西周中晚期的一种纹饰。作为一个时代的标志性设计造型，兽面纹已经成为代表中国商代和古代青铜器的典型符号，是中华五千年历史长河中最为重要的设计符号类型之一。兽面纹广泛应用于夏商周这一阶段的人造物之上，尤其在青铜礼器上为多。中国古代的礼器设计，非常注重等级观念和各种形制，其形制的规范，深刻影响了设计者在器物造型、纹饰、构思等方方面面的设计思维过程。研究兽面纹器物设计，对管窥以服务王权统治与礼制祭祀功能为目的的传统造物思想具有重要意义。本章将通过设计符号学相关方法，结合代表器物的分析，展开兽面纹符号的历时性演进研究，探寻青铜礼器纹饰的设计思维规律及其发展动因[①]。

---

① 张野,易晓.一件商早期兽面纹青铜礼器的设计符号分析[J].装饰,2012(03):78-79.

一、兽面纹源流考

兽面纹在相当长的一段时间被称为饕餮纹。先民认为饕餮是传说中的一种贪食的恶兽,也比喻贪婪凶恶的人。秦代吕不韦在《吕氏春秋·先识》中云:"周鼎著饕餮,有首无身,食人未咽,害及其身,以言报更也"。宋代《宣和博古图》中也将这种纹样称为饕餮纹[①]。但"饕餮说"在理论上尚无法完全证实,近现代的历史纹饰学家对此意见分歧颇大,故称为兽面纹相对较为妥当。兽面纹的符号学研究对探索先秦礼器的设计思维具有重要价值。

兽面纹的代表意义一直是一个未解之谜,自秦代吕不韦断定"周鼎著饕餮"以后,"饕餮说"一直占据统治地位。经近代历史学家综合考证,"饕餮说"逐渐被分化成为多种可能,在符号所指意义来源上争议颇大,除了饕餮这一传说中的凶恶神话动物之外,主要观点包括马承源先生为代表的"兽面纹的主题是神、是帝"[②]"族徽说""祖神崇拜说""人及动物神格化"和更为具体的"蚩尤说",以及相对小众的"夔龙纹中轴对称说""虎狼形态对称说"等。尽管众说纷纭,但实质上只分两大流派:第一派与祭祀、统治、礼制有关,其形象无论是天神还是祖神,均来自于首领、巫师等人物的"人"的神格化,主要目的在于恐吓外族与被统治者,次要目的是作为本族统治阶级的族徽,给自己带来好运。另一派认为兽面纹形象来自于"兽",饕餮说、夔龙纹说、虎狼形象说等均可归为此类。不管持哪种意见,兽面纹是一种源于祭祀活动与统治目的,且历经长期演变形成的复合形象,已经达成相当程度的共识,实质是联系天人的一种视觉符号工具。

---

① 吴山.中国工艺美术大辞典[M].南京:江苏美术出版社,1989.
② 马承源.中国青铜器[M].上海:上海古籍出版社,2004:314.

1. 兽面纹滥觞：良渚与龙山文化

有学者将兽面纹的滥觞追溯至新石器时代的大汶口文化，代表图像如山东王因墓地和江苏邳县大墩子墓地出土的彩陶旋目图像[①]（图4-1）。李缙云认为红山文化勾云形玉器也与后来的饕餮纹有关[②]，且符号意义的来源可能是一种旋目神[③]。由于上述图像与兽面纹的识别相关性较低，笔者对这些推论暂时持保留意见，并认为尽管兽面纹的"目"的确具有显著特征，但相对于符号母题来源这一复杂问题来说，"目"只是某种载体的符码特征，将其视为母题本身显然过于简单，应重点考察"目"来源于何种事物这一关键问题。事实上，最早可识别为具有显著兽面纹特征的是新石器时代龙山文化的玉器纹饰，与龙山文化同期的良渚文化也有较为相似的符号特征遗存。

图4-1 大汶口文化彩陶旋目图像

观察良渚文化玉器上的人形旋目纹，首先可以判定其上部阳纹是神权合一的祭司或部落首领头像。较有争议之处在于下半部阳纹，有学者认为是祭司的身体，但多数人认为下部阳纹可能源于神人或神兽的面孔

---

① 王仁湘.中国史前考古论集[M].北京:科学出版社,2003:508.
② 李缙云.谈红山文化佩饰[N].中国文物报,1993-4-25 (B1).
③ 王仁湘.中国史前考古论集[M].北京:科学出版社,2003:515.

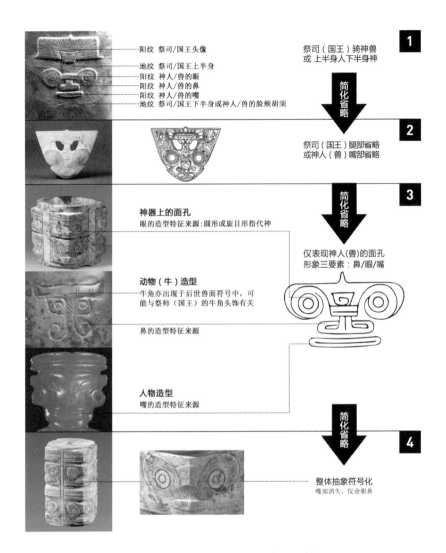

图 4-2 良渚文化代表器物纹饰图像关系分析

(图 4-2，第 1 步)。经过多种不同玉器纹饰的综合比对，如通过观察良渚文化中具象的人物、牛的纹饰，可确定"嘴""鼻"的造型特征，从而间接推导出玉器纹饰的下半部是面孔而非身体。下半部纹样具有夸张的大眼睛及凸出的鼻头，常常省略嘴部造型，形成"上人下神（兽）"

的图像组合方式（图4-2，第2步）。而在龙山文化玉琮上，"上人下神（兽）"的组合被进一步简约省略，去掉上半部的祭司形象，仅保留"神（兽）"，但增加了对嘴的表现，可视为一种图像的简化，也可视为人格向神格的转化（图4-2，第3步、4步）。这些纹饰的复杂程度不一，很可能存在一个历时性的简化过程，但更可能是同一时代依据不同需要进行的复杂或简化操作。诸多学者从上述图像中解读图腾间的多元复合现象，王会莹认为：原始社会末期，黄帝、尧舜与蚩尤和三苗部落联盟进行战争，三苗部落为获取更强大的力量，在自身图腾神上添加蚩尤部落图腾特征，形成部落复合神的形象，从而成为玉琮上的神人兽面纹[①]。这种看法具有一定价值，此时蚩尤部落的牛角特征还没有体现在良渚文化之中，因此还保留着部落首领或祭司的形象，后世这一形象逐渐被牛角取代，形成了"人格"与"神格"的形态复合体。

2. 龙山文化的类兽面纹

相对于良渚文化纹饰，同时期的龙山文化纹饰具有更为显著的兽面纹特征。观察龙山文化纹饰，很容易识读出人或巫师的形象，并可轻松观察到被神化或兽化的符号结合痕迹。现存于台北故宫博物院的一件玉圭上，有一个带有獠牙的具象人形面孔，该图案为其他不易识别的纹样提供了题材来源的线索：即抽象面孔也是由"人"演变而来，并可据此清晰地辨析其他纹样的"眼""鼻""嘴""装饰冠"等部位。实证了龙山纹样是人与动物形象复合后，赋予神格的形象。装饰冠是龙山文化中玉圭人物的一大特征，其造型繁复、粗细多有变化，在视觉中占据较大比例，装饰冠造型与人物面孔的结合，很可能是兽面纹符号特征的滥觞（图4-3）。

---

① 王会莹.良渚文化神人兽面纹与西王母形象之文化考释[J].西北民族研究,2005(04):202-209.

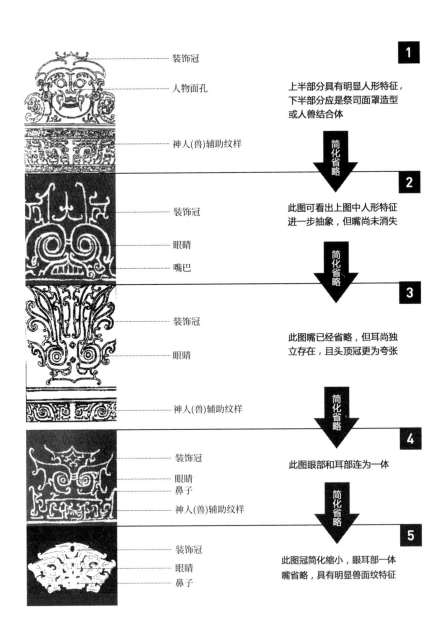

图 4-3 龙山文化代表器物纹饰图像关系分析

作为夏朝早期及以前的装饰造型，良渚文化、龙山文化的纹样可能与夏商周三代的兽面纹存在同源关系，这种兽面纹符号的意义源自人的形象，通过附加獠牙、头饰等物件，强化了神格化的造型语言。良渚文化与龙山文化在地理空间中相距甚远，但纹饰造型却有共通之处，很可能受到更早以前的神化人物影响，从后世兽面纹特征来看，这个神化人物应当具备有"角"的特征，部分学者大胆推测为蚩尤，蚩尤在文字记载及后世想象中均为带角的形象，至今我国许多地区的苗族服饰中还存在着大量带角的头饰。

3. 兽面纹的蚩尤起源说

综合各方观点，兽面纹很可能源于具有"神格"的带角伟大人物。虽无有力的图像实证，但从文献传说及考古纹饰的综合研究中尚可探寻出一丝蛛丝马迹。从图像学角度考证，兽面纹不可能是直接模拟虎狼等动物，更不是两个对称的夔龙纹，即便不是蚩尤，至少当是人物而非动物形象的神格化，其能指形象是以人为出发点，融合了神话动物（兽）的特征，形成人神合体的符号语意，这种特征最初可能来源于上古时代的祭师或英雄人物形象，也可能是蚩尤部族人物带角面罩装饰形象的神格化，即"部落复合神"。笔者认为兽面纹很可能起源于蚩尤的形象，相关线索如下：

（1）形象特征与兽面纹相通

史料中对蚩尤形象的描述与兽面纹特征呈现出较强的相似性。《太平御览》卷七九引《龙鱼河图》说："蚩尤兄弟八十一人，并兽身人语，铜头铁额，食沙石子。"任昉《述异记》卷上说："人身牛蹄，四目六手，耳鬓如剑戟，头有角。"《绎史》卷五引《归藏》说："蚩尤出自羊水，八肱八趾疏首。"《通典·乐典》说：蚩尤"兽身""牛蹄""四目六手""头有角"、"帅魅魅"等等[①]。这些描述不但与青铜器上的兽面纹实物特征相近，也与史籍中描述的饕餮"多毛、戴豕""羊身虎齿、人爪"等形象特征类似[②]，为蚩尤起源说提供了旁证。

从民族文化延承来看，蚩尤是九黎和三苗之祖，《国语·梦语》注中说："九黎，蚩尤之徒也"[③]。而九黎、三苗、南蛮、荆蛮与苗族有着一脉相承的渊源关系，而且都包括苗族先民[④]。近代学者认为，"九黎"的说法可以理解为蚩尤是9个部落的首领，而传说中的"有蚩尤兄弟八十一人"也是他领导81个部落联盟对战黄帝的指代。《国语·楚语》中"三苗复九黎之德"，《礼记·衣疏·引甫刑·郑注》中"有苗、九黎之后……为居于西裔者三苗"等语，显示出"九黎"与"三苗"的亲缘关系，即"三苗"为九黎的后裔[⑤]。目前，蚩尤是苗族先祖的结论在学术界已是不争的共识，诸多当今的苗族习俗，尤其是苗族女性佩戴银角造型的习惯被认为传自蚩尤时代，而"角"是兽面纹的主要识别特征之一（图4-4）。

蚩尤也是羌族的先祖，《路史·蚩尤传》云："蚩尤姜姓，炎帝之裔也"。《后汉书·西羌传》云："西羌之本，出自三苗，姜姓之别也。其国近南岳，及舜流四凶，徙之三危，河关之西南，羌地是也。"而部分历史学家认为古蜀人与古羌人又有千丝万缕的关系，因此可假设三星堆文化受到了古羌人文化的影响。观察三星堆的青铜祭司

---

① 唐春芳.论蚩尤在历史上的功绩与地位[J].民间文学论坛,1996(01):20-28.
② 《神异经·西南荒经》记载："西南方有人焉，身多毛，头上戴豕，贪如狼恶，好自积财，而不食人谷，强者夺老弱者，畏强而击单，名曰饕餮。"《山海经·北山经》记载："其状如羊身人面，其目在腋下，虎齿人爪，其音如婴儿，名曰狍鸮，是食人。"郭璞注："为物贪惏，食人未尽，还害其身，像在夏鼎，左传所谓饕餮也。"指出恶兽"狍鸮"即饕餮。
③ 见《史记·五帝本纪·集解》《书·吕刑释文》《吕氏春秋·荡兵》《战国策》高诱注等，均记载蚩尤是九黎之君。
④ 务川仡佬族苗族自治县民族宗教事务局.务川苗族[M].贵阳:贵州民族出版社,2002.
⑤ 李廷贵.九黎、蚩尤和苗族[J]. 贵州民族研究,1986(02):144-147.

当代苗族角形头饰　　　　　　当代蚩尤雕像

图 4-4 带角文化特征的民族传承性

面罩，可看出其具有显著的"巨目"与"带角"特征。更为惊奇的是，几乎同时期的中原二里头文化、江西新干大洋洲的兽面纹特征与三星堆非常类似，说明三者可能在造型语言方面同源（图 4-5）。至于为何商代中原文化的兽面纹也存在类似的形象，在典籍中也有蛛丝马迹可循：传说蚩尤被黄帝封为"兵主"，"黄帝遂画蚩尤形象以威天下"，三代彝器上所铸的兽面纹很可能就是延续这个传统，利用蚩尤的形象以震慑四方。张守节撰《史记正义》，引《龙鱼河图》云：

"黄帝摄政，有蚩尤兄弟八十一人，并兽身人语，铜头铁额，食沙石子，造立兵仗刀戟大弩，威振天下，诛杀无道，不慈仁。万民欲令黄帝行天子事。黄帝以仁义不能禁止蚩尤，乃仰天而叹。天遣玄女下授黄帝兵信神符，制伏蚩尤。帝因使之主兵，以制八方。蚩尤没后，天下复优乱。

黄帝遂画蚩尤形象以威天下。天下咸谓蚩尤不死，八方万邦皆为弹服。"①

多地出现的兽面纹最大的共性识别特征在于"目"和"角"，"目"可能与良渚、龙山文化中的图腾崇拜有较强关联度，"角"则与蚩尤带角的传说形象特征接近。因此，蚩尤的形象传承既源于自身部族的祖神崇拜，也被战胜自己的对手用于统治目的，成为中原到西南地区造物文化的同源符号特征（图4-5）。

(2) 内涵意义与饕餮相通

蚩尤见于正史，载于司马迁《史记·五帝本纪·黄帝纪》，太史公对其评价为："蚩尤最为暴，莫能伐"。裴骃撰《史记集解》转引臣瓒引《孔子三朝记》云："蚩尤，庶人之贪者"②。对比古人对饕餮"贪婪""凶暴"的定义③，可以看出"蚩尤"与"饕餮"性格特征相通。这为兽面纹来源于"人"，且可能是"蚩尤"建立起了一座桥梁。其次，相传蚩尤是铜头铁额刀枪不入的神人，这本身也与兽面纹的载体——青铜器之"金"的属性有内涵意义的关联。正如《管子·地数篇》所言：

"葛庐之山发而出水，金从之，蚩尤受而制之，以为剑铠矛戟，是岁相兼者诸侯九。雍狐之山发而出水，金从之，蚩尤受而制之，以为雍狐之戟芮戈，是岁相兼者诸侯二十。"④

"铜头铁额、造立兵仗刀戟大弩"被后世学者考证为蚩尤部落已经

---

① 田晓岫.说"蚩尤"[J].中央民族大学学报,1997(03):51-57.
② 同上.
③ 《左传·文公十八年》："缙云氏有不才子，贪于饮食，冒于货贿，侵欲崇侈，不可盈厌，聚敛积实，不知纪极。不分孤寡，不恤穷匮。天下之民，以比三凶，谓之饕餮。"杜预注："贪财为饕，贪食为餮。"
④ 杨作龙.论蚩尤文化与早期黄河文明[J].洛阳师范学院学报2008(04):29-35.

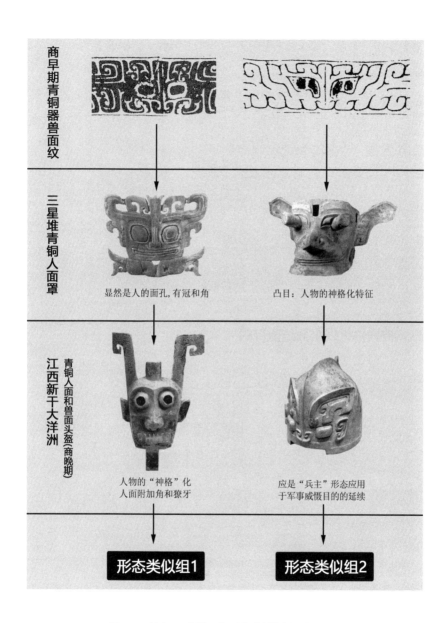

图 4-5 二里头、三星堆、新干大洋洲的类似造型语言

率先发明了金属武器，具有较强的战斗力。因此，青铜器上的兽面纹也很可能是为了纪念这一发明"金"之器物的部落首领，寻求其佑护。

部分典籍中也直接或指出了饕餮与蚩尤的同一性关系，相传饕餮氏为缙云氏之子，《左传》文公十八年："缙云氏有不才子……谓之饕餮"。《世本》又云："缙云氏，姜姓也，炎帝之苗裔，当黄帝时，在缙云之官。"[①]即缙云氏乃羌戎的一支姜姓，且为苗裔，而蚩尤是苗族与羌族的先祖，这在文献中将蚩尤与饕餮之间构建起了直接的亲缘关系。宋代罗泌更是在《路史·后纪四·蚩尤传》中解释蚩尤被杀之后，后人著其"像于尊彝，以为贪戎"，并注云："蚩尤天符之神，状类不常，三代彝器，多著蚩尤之像，为贪虐者之戎。"这是古籍中明确认为蚩尤形象是兽面纹的记录之一。

(3) 被神格化以服务统治目的

除三代彝器著有蚩尤形象之外，到了秦汉时期，民间还有以蚩尤为"兵主"行礼祠的习俗。以致于秦始皇东游及高祖刘邦起兵，皆从民俗礼祠蚩尤[②]。蚩尤之祠在长安的设立是在高祖六年，《汉书·高帝纪》："高祖乃立为沛公。祠黄帝，祭蚩尤于沛廷，而衅鼓旗。"应劭注曰："蚩尤亦古天子，好五兵，故祠祭之，求福祥也。"《史记·天官书》有："蚩尤之旗，类彗而后曲，象旗，见则王者征伐四方。[③]"

---

① 何光岳.饕餮氏的来源与饕餮(图腾)图像的运用和传播[J].湖南考古辑刊,1986(00):200-208,199.
② 贵州省安顺地区民族事务委员会古籍整理办公室.蚩尤的传说[M].贵州:贵州民族出版社,1989.
③ 杨英.汉初祀畤考[J].世界宗教研究,2003(02):16-28.该文对蚩尤祭祀有如下论证：传说中蚩尤曾作兵器。《太平御览》卷七十二引《世本》云："蚩尤作兵"，又《山海经·大荒北经》："蚩尤作兵伐黄帝"；……于是战国至汉初蚩尤一向被当作主兵之神。战国至秦齐地八神的兵主祠蚩尤，《史记·封禅书》"兵主祠蚩尤，蚩尤在东平陆监乡"，高祖则在得天下后将保佑它的蚩尤立祀于长安。……祭祀蚩尤，不应看作单纯对神灵的祷祠，而应看到其背后的数术内容。战国至汉初是数术泛滥的时代，《汉书·艺文志》兵形势家有《蚩尤》二篇。"形势者，雷动风举，后发而先至，离合背乡，变化无常，以轻疾制敌者也。"……高祖起兵祀蚩尤亦取其制敌之意。数术和祭祀在神秘主义这一点上是共同的，祭祀蚩尤只是将数术中的神秘主义直接当作神灵膜拜而已。

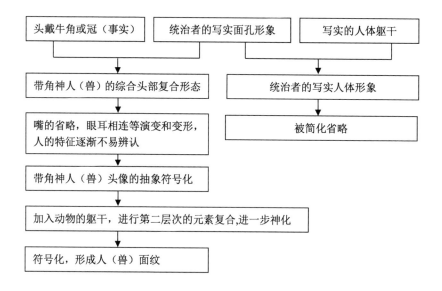

图 4-6 源于人物形象的兽面纹符号演进过程

这与三国时期蜀国大将关羽后世逐渐演变成"财神"的象征性符号化过程相同。作为一种符号,蚩尤的形象被统治阶级用来祈福纳祥,震慑被统治者或敌对部落,其意义与目的也与青铜器上的兽面纹相同。

综上所述,兽面纹形象的来源是一个漫长的人物神格化过程(图 4-6),这个"人物"大概率就是蚩尤,即使没有明确的图像佐证这一观点,但至少可以确定,兽面纹来源于统治阶级(祭司或部落统领)的人物形象,且已完成了神格化。这种神格化的形式最初来源于人体与动物形象的符号拼接,如龙山文化的獠牙人面纹饰或带角的特征,也可能来源于人与"神人"拼接的符号,如良渚纹饰中的上半为人,下半为神人(兽)的拼置形象。正如马承源先生所说:"兽面纹的作用是向帝和神人即上天表达世俗的愿望,简言之,就是希冀天人相通"[①]。兽面纹的本质上是通过对先祖的神化,产生的指代统治阶级

---

① 马承源.中国青铜器(修订本)[M].上海:上海古籍出版社,2004:314.

神人相通地位的视觉符号。它在祖神崇拜祭祀祈福自身及震慑敌对势力与被统治者中发挥作用，最终目的是为了维护统治阶级利益。

4.兽面纹符号的历时性演进

兽面纹符号在龙山文化晚期（夏代早期）进入历史舞台，直至西周中晚期逐渐淡出。作为这一阶段青铜器装饰母题的代表性纹饰，统治我国礼器装饰长达千年之久，研究其历时性规律，对考察先民的设计符号思维具有重要意义。结合诸多专家观点[①]，兽面纹的历史生命周期可大致分为以下阶段：

（1）孕育期——夏代（约前21世纪—前16世纪）

夏代的考古发现大致集中在龙山文化（前27世纪—前21世纪）晚期和偃师二里头文化（前18世纪—前16世纪），主要位于现在的河南中部、西部和山西南部[②]。夏代大致出土了10余件兽面纹器物，载体为盾形铜牌，使用松绿石片镶嵌出兽面纹图案，其中出土于二里头Ⅱ期的兽面纹主要特征是双圆目、阔嘴、高冠，具有与龙山文化高度类似的特征。而二里头Ⅳ期兽面纹的梭形目更接近商代流行的"臣"字目[③]。可以从"目"这一主要符码的演变看出，其风格逐渐由天真转变为狞厉，除了社会审美转变的原因，很可能是统治阶级在兽面纹作为祖神崇拜、联系天人的符号工具基础上，强化了符号威慑对立阶级的功能。值得一提的是，尽管二里头文化中已

---

① 本处综合汇总了以下文献的观点：(1) 马承源.中国青铜器研究[M].上海:上海古籍出版社,2008:355. (2)彭世凡,李朝远.中国青铜器鉴赏图典[M].上海:上海辞书出版社,2007:55. (3)高蒙河.铜器与中国文化[M].上海:汉语大词典出版社,2003:83. (4)张光直.中国青铜时代[M].北京:三联书店,1999:65. (5)丁孟.你该知道的200件青铜器[M].北京:紫禁城出版社,2007:9.
② 李松.中国青铜器[M].北京:五洲传播出版社,2008.
③ 彭世凡,李朝远.中国青铜器鉴赏图典[M].上海:上海辞书出版社,2007:26-33.

经有青铜器出土，但目前尚未发现青铜器上存在兽面纹，这也从一个侧面反映了当时的青铜器铸造水平较低的事实。

(2) 发展期——商代早中期（前16世纪—前13世纪）

商代兽面纹经历了由简单到繁复、由抽象到具象的发展历程。在商代早期，兽面纹正式登上历史舞台，并逐渐确立了在青铜器装饰母题中的统治地位，其内因在于商人崇尚鬼神的"祖神崇拜"习俗让兽面纹大行其道，其外因在于青铜器工艺水平的进步让兽面纹制作成为了可能。这一时期的兽面纹及其辅助纹样具有造型简洁的特征，母题纹饰多为兽面纹和夔龙纹，也有观点认为对称的夔龙纹也是兽面纹的一种。除母题之外，几乎没有地纹，辅助纹样以几何形式的一方连续图案为多，如较为简洁的带状弦纹、乳钉纹、连珠纹等。其中带状兽面纹上下夹以连珠纹是当时流行的设计[1]。商代早期兽面纹较为简单，有的仅有一对兽目，兽角不明显，只有特别大的纹饰中才画角。商代中期的目纹则变得更为夸张，有的比例相当大，炯炯有神。纹饰的其余部分多采用回曲形的雷纹和并列的羽状纹，整个图案比早期精细，具有强烈的神秘气氛，但图案仍然相对抽象[2]。

(3) 鼎盛期——商代晚期到西周早期（前13世纪—前9世纪）

随着范铸法工艺的发展完善，浮雕和平刻相结合的技法进步，使得商代晚期成为青铜器的鼎盛时期，这一阶段的兽面纹逐渐趋向繁复，部分重器呈现出形制雄伟、厚重恢宏、纹饰华丽、通体满花的视觉特征。兽面纹母题轮廓之内布满纹饰，并多用云雷

---

[1] 丁孟.你该知道的200件青铜器[M].北京:紫禁城出版社,2007:9.
[2] 张雯.商代青铜兽面纹觚[N].中国商报,2005-07-19.

纹、乳钉纹等以地纹的方式填满兽面纹母题轮廓之外的空间，形成"满花"和"三层花"的繁缛美感，充分体现了这一时期青铜铸造技艺复杂、分工细致、组织严密的特点，传达了精湛的工艺语意，后母戊鼎、四羊方尊等国之重器均铸造于这个时代。之前以平面装饰为主的兽面纹也开始根据需要凸起到器物之外，甚至有的曲角高耸，充满了立体感。兽面纹尾部的分歧逐渐减少，尾部下卷的形制开始流行。配合兽面纹出现的其他主要装饰题材包括龙纹、凤鸟纹、夔纹、虎、羊、牛等。

西周早期是商代青铜器纹饰的继承发展期，总体上保持了商代造物形制的视觉特征，纹饰仍显繁复，外观器壁较为厚重，因此很难在商周之间划出清晰的界限，这一阶段的知名重器很多，利簋、天亡簋、何尊、盂鼎等均是其中的代表。兽面纹、龙纹、凤鸟纹、夔纹、乳钉纹都有新的形式演进。兽面纹在这一时期仍是纹饰的主要母题之一，但凤鸟纹越来越多，有取代兽面纹之势。

(4) 衰退期——西周中晚期（前9世纪—前7世纪）

这一时期的青铜器逐渐回归质朴，复杂的兽面纹变得雄浑简单，并逐渐让出器物的中心位置，退居到足部等次要部位。周人认为商人好酒误国，对饮酒设计了种种限制，因而导致了酒器的减少，爵、觚、尊、方彝等器种逐渐消失，而鼎、簋、鬲、壶、尊、盘仍是常见器种。这一时期的代表重器有虢季子白盘、毛公鼎等。礼制的进一步规范强化也在这一时期的青铜器造物行为中有所体现，如列鼎制度的出现。青铜器纹饰在西周中期经历了剧烈的变化，晚期整体延续了中期形制与纹饰简朴化的发展趋势，并淘汰了西周中期保留的早期元素，青铜器装饰主要以瓦纹、重环纹、环带纹、波纹、弦纹、鳞纹和窃曲纹为主①,兽面纹的"出场"次数进一步减少。到春秋时,文化已发生飞跃,图腾崇拜观念也趋于淡薄,以至消失。兽面纹便被用作铜器的耳足附庸部分,退居于次要地位,其地位被龙凤纹及精致逼真的各种动物纹样取而代之②。

二、兽面纹的符码构成类型③

尽管兽面纹形式多变,但其符号构成语言仍有规律可循。一个完整的兽面纹包含眼、鼻、角、眉、耳、腿、爪、躯干、尾等可以识别的符码要素。兽面纹一般以鼻梁为对称轴,整体可分为兽首和躯干两大主要部分。兽首采用正视图表现,其中最重要的特征当属其"目",如还有更多扩展空间,"角"就成为次要的识别特征,眉、耳、鼻等相对更为次要。躯干以兽首为中轴呈两侧左右对称,一般有展开的躯体或兽尾,有的还有曲张的爪。简略形式的兽面纹也可能省略躯干或五官中的非重要符码。兽面纹实质上使用了古代常用的"中央正视区+两侧延伸区"的图像构成方式,考古学界将这种纹样构成方式称为"整体展开法",这是商周时代的艺匠们用正视的平面图来表现物像整体概念独特的方法,也可以说是透视画法产生之前的一种幼稚的和有趣的尝试④。即中央是神兽的正

---

① 丁孟.你该知道的200件青铜器[M].北京:紫禁城出版社,2007:10-12.
② 何光岳.饕餮氏的来源与饕餮(图腾)图像的运用和传播[J].湖南考古辑刊,1986(00):200-208,199.
③ 该节中的图4-7~图4-11、表4-1中的兽面纹图片与分类观点摘录自以下文献, 并综合各家所长, 进行了观点梳理及图表重绘混排, 参见: (1)马承源.中国青铜研究[M].上海:上海古籍出版社,2002:355. (2)丁孟.你该知道的200件青铜器[M].北京:紫禁城出版社,2007:9. (3)朱志荣.商代审美意识研究[M].北京:人民出版社,2002:250. (4)高蒙河.铜器与中国文化[M].上海:汉语大词典出版社,2003:83. (5)张光直. 中国青铜时代[M].北京:三联书店,1999:65. (6)读图时代.中国古青铜收藏鉴赏百问百答[M].北京:中国轻工业出版社,2006:98. (7)彭世凡,李朝远.中国青铜器鉴赏图典[M].上海:上海辞书出版社,2007:55. (8)高蒙河.铜器与中国文化[M].上海:汉语大词典出版社,2003:83. (9)张光直. 中国青铜时代[M].北京:三联书店,1999:65.
④ 上海博物馆青铜器研究组.商周青铜器纹饰[M].北京:文物出版社,1984.马承源先生在

视五官图，左右两个侧视图分别展示了躯干的两个侧面，这非常适合在保证构图对称的基础上突出表现头部，加上左右延展的躯干图案，方便成为平面或环形载体表面的适合纹样（图4-7）。

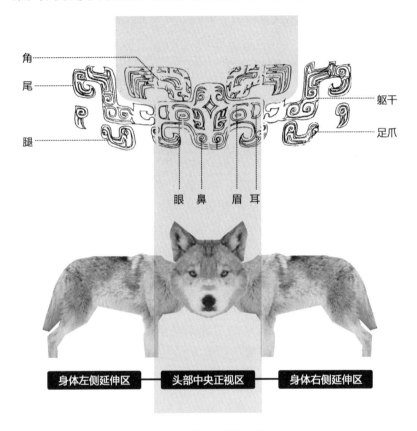

图4-7 兽面纹母题的图案构成

兽面纹在漫长的发展历程中，形式经历了较大的变动，衍生形态种类丰富，给人以眼花缭乱之感，史学界曾从"眼""角""尾"

本书序中写到：兽面纹既表现为物体正面的形象，同时也是表现物体的两个侧面，我们称这两种结合的方法为整体展开法。古人为了全面表现走兽和爬虫的形象，除了绘成正视的兽面以外，还需显示兽类的体躯，而体躯只能从侧视来表现，并以对称的方式展开。这是商周时代的艺匠们用正视的平面图来表现物像整体概念独特的方法，也可以说是透视画法产生之前的一种幼稚的和有趣的尝试。

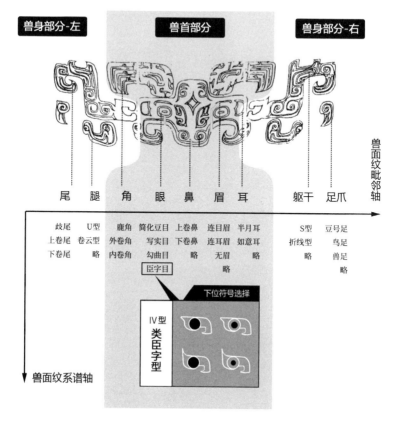

图4-8 兽面纹设计符号的毗邻系谱集合

等不同符码特征入手，对兽面纹加以分类。我们可依据前人成果，通过符号学方法建立毗邻系谱轴，列举各个符码位置的主要可选符号集合（图4-8）。先民在兽面纹器物的创作中，判断器物主题、造型特征、纹饰面积、工艺技术等限制条件，依据集合内可选的符号形态，通过替换性原则，有目的地进行造型与纹饰的设计符码选择，让母题巧妙地融于器物，以满足礼制需要。

1. 兽面纹符号的类型

史学界对兽面纹有多种分类方法，按较为权威的看法，兽面纹可分为四种类型：(1) 有目无首无身型。该类型出现于商代早中期的青铜器上，仅有双目，可能是对兽面纹眼睛的夸张强调表现，也可能仅仅是古人对眼的崇拜图腾，而并非兽面纹，或者说兽面纹是由此"目"发展而来；(2) 无首无目型。部分历史学者认为商代早期出现的无目图形也可归为兽面纹之列，是兽首的简约与抽象化，笔者经过大量图片对比分析，认为此类纹样并不是兽面纹，应归于其他

类型	图例	流行阶段	类型特征
A 独立兽面纹		商早期	有首无身
B 歧尾兽面纹		商早中期 晚期I期	有首有身 尾部分歧
C 连体兽面纹		商周均流行	有首有身 尾部不分歧
D 分解兽面纹		A型分解始于商早期 C型分解始于商晚期	A或C型被分解为互不相连的器官但保持相对位置

图 4-9 有"目"兽面纹的四种基本类型

类别之中。一般来说，"首"是兽面纹必不可少的构成要素，无"兽首"何以称之为"兽面"？而"目""角""鼻"又是兽面的主要构成要素，应至少具备其中的两项才可作"兽面"的识读，其中"目"非常重要，因此，"无首无目型"归为兽面纹过于牵强；(3) 有首无目有身型。这类兽面纹的确无目，但对比同类图像，整体可以清楚地识别为兽面纹，"目"的省略很可能是为了适应器物造型所做的简化省略；(4) 有首有目有身型。这类兽面纹数量最多，也最具代表性。有"目"的兽面纹大致可分为四种构成方式：A 独立兽面纹，有首无身；B 歧尾兽面纹，有首有身，尾部分歧；C 连体兽面纹，有首有身，尾部不分歧；D 分解兽面纹，是基于 A、C 型的符码分解衍生形式[①]（图 4-9）。

2. 目纹符码的类型

"目"的类型选择与兽面纹图案的绝对尺寸有关。商周早期青铜器纹饰造型简约，兽面纹一般与弦纹和乳钉纹组合，以带状图案的方式出现，由于这一时期的器物整体尺寸较小，带状图案高度一般都不会超过5厘米，为了在有限的尺寸内表达眼睛，就只能通过省略眼白、刻画眼珠的方式，这时的眼睛就简化为"豆"形凸起的形式。兽面纹的"目"一般较为夸张凸出，虽与三星堆的凸目崇拜有一定差距，但一般都显著高于器物表面，可见新石器时代的"目"图腾崇拜文化在商代还具有广泛的影响力。虽然商代中期兽面纹的眼型已基本包含了鼎盛期的全部类型，但这一时期的主流仍是相对简化的眼型，复杂写实的并不多，臣字目也出现于这个时期，但并不多见，至商代晚期"臣"字目才成为主流，可以看出"目"的形式发展规律是由简到繁。其原因在于，商代早期"目"作为小型青铜器带状装饰的一部分，受到空间尺寸的限制，造型也相应较为简单。随着商代晚期大型重器的普及，纹饰的绝对面积随

---

① 彭世凡,李朝远.中国青铜器鉴赏图典[M].上海:上海辞书出版社,2007:55.

类型	式样	举例	分析
Ⅰ型 简化豆型	 1式-圆豆式 2式-长方豆式 3式-菱豆式		多用于体积较小的青铜器(如爵)的带状装饰。由于高度对眼睛细节的限制,故予以简化。此目型多见于商代早中期,纹饰较粗犷
Ⅱ型 写实型	 1式-流行式 2式-分离式 3式-凸瞳式		经案例研究,此类目型多出现于高度25到55厘米或更大的器物中,且相当部分的纹样面积较大,当是空间允许展现更多细节
Ⅲ型 下眼角 勾曲型	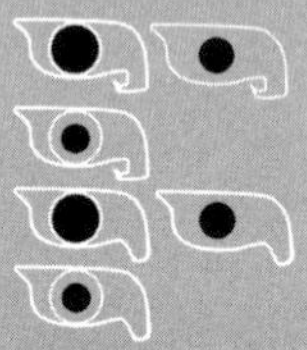 1式-勾目流行式 2式-勾曲分离式 3式-勾曲凸瞳式 4式-圆曲流行式 5式-圆曲分离式 6式-圆曲凸瞳式		
Ⅳ型 类臣字型	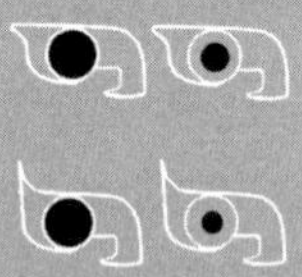 1式-流行式 2式-流行凸瞳式 3式-上翘式 4式-上翘凸瞳式	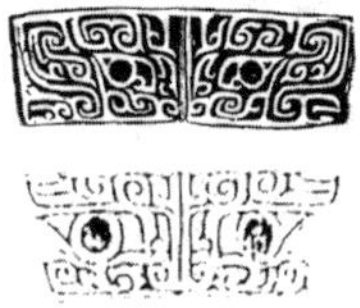	此类目型多眼珠突出,其余纹饰多为细节凹线,这种配置才可能有足够的空间表此类目型

注:除凸瞳式以外,每个眼球式样都可分为阴刻无瞳、长形瞳、圆瞳三种情况

凸起部分　　阴纹部分　　器物表面高度

图 4-10 兽面纹"目"的特征分类

之扩大,加之工艺水平的进步,相应允许铸造眼型更为复杂、细节更为丰富的兽面纹。按由简及繁的顺序,兽面纹之"目"可大致分为Ⅰ型简化豆型、Ⅱ型写实型、Ⅲ型下眼角勾曲型和Ⅳ型类臣字型(图4-10)。

3. 角纹符码的类型

"角"是兽面纹中仅次于"目"的重要识别特征,马承源先生就曾将"角"作为区分各种兽面纹的标志[①]。商代早期兽面纹中的角并不

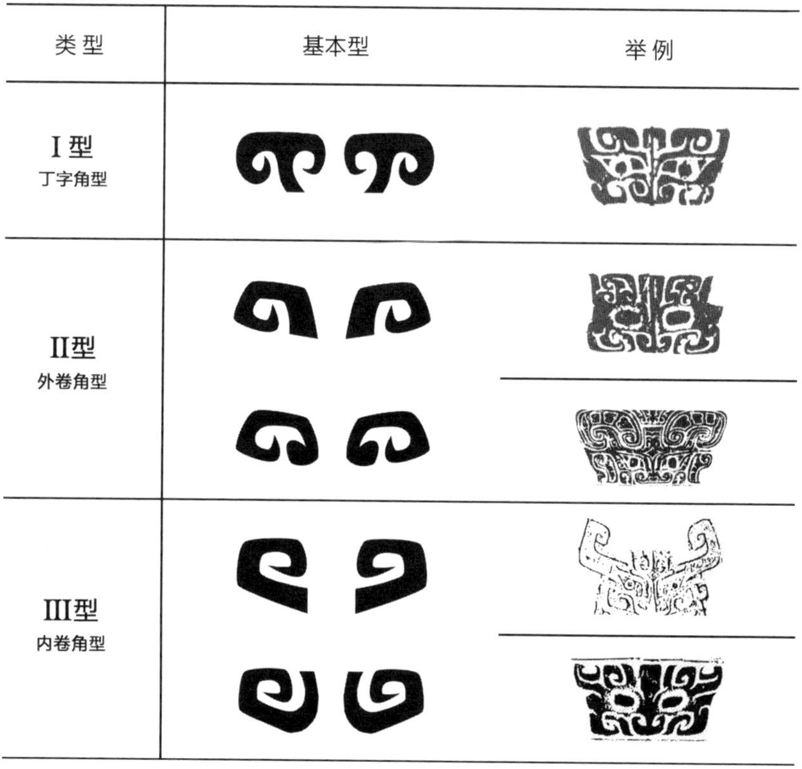

类型	基本型	举例
Ⅰ型 丁字角型		
Ⅱ型 外卷角型		
Ⅲ型 内卷角型		

图 4-11 兽面纹"角"的特征分类

[①] 上海博物馆青铜器研究组.商周青铜器纹饰[M].北京:文物出版社,1984.马承源先生以"角"为主要识别特征对兽面纹进行了分类。包括虎头纹(环柱状)、外卷角(绵羊状)、内卷角(牛角)、曲折角、长颈鹿角、牛头纹(水牛角)、变形兽面纹、额顶龙蛇复合型。

显著，只有在较大的纹饰中才可能看到角型的状态。商代晚期和西周早期的兽面纹式样逐渐丰富，纹饰构成也越发趋于程式化，角也可被大致分为丁字角型、外卷角型和内卷角型三种主要类型[①]。丁字角型类似鹿角，从兽首额头两侧各长出一柱，然后分别向两侧横向延伸，整体呈"丁"字形，两端一般还有内卷形态；外卷角型类似羊角，呈现从额顶向上之后再向外侧卷曲的形态。内卷角型类似牛角，呈现从额顶横向左右延伸后内卷的形态。上述角型显然源于对常见动物的拟象，后续根据器型与构图需要有了各类亚类形式的发展（图4-11）。商代具有十分强烈的角崇拜，一些明显是人头的立体纹饰上也会出现角纹，这更加证明了兽面纹的意义来源是人的可能。此外，某些角纹会以盘蛇的形象出现，如象尊的大象头上就顶着两个"蛇"角。

4. 兽面纹的伴生母题与地纹

夏代的兽面纹数量极少，基本上不存在与其他纹饰的组合与伴生情况。商早中期二里头出土的兽面纹逐渐成为器物装饰的母题，这一阶段具备断代价值的典型符号组合范式当属常见于器物腹部的兽面纹带，上下多无装饰，或仅饰以简约的弦纹或连珠纹，有时也包括圈点纹，云雷纹带、十字镂孔、网纹等。兽面纹与其他母题伴生的情况也较为少见，即便有其他伴生母题，也多为夔纹、囧纹、目纹、犀首、虎首、牛首、阵列乳钉等。铭文在这个时期开始出现，但字数一般不多。

商晚期和西周早期的兽面纹伴生母题丰富，主要分以下三种

[①] 笔者注：尽管马承源先生以角为主要特征划分兽面纹的分类较细，但有一些类型逻辑的冲突，如"外卷角"是以形态特征命名，而"长颈鹿角"则以动物属性命名，分类标准不够统一。笔者认为应采用主成分分析思想，综合其他文献和青铜器代表案例的考察，简单将其划分为丁字角型（类似鹿角）、外卷角（类似羊角）和内卷角（类似牛角）三种主要类型即可。

表 4-1 夏商周青铜器常见几何纹样

几何纹样	变体	特征	作用	流行情况
网纹	无	斜线交错组成网状图案	带状装饰	商代早期
连珠纹	圆圈纹	圆珠形组成的二方连续图案	分栏线 带状边线	夏代晚期出现，商代早期圆珠为空心圆，商代中期圆珠为内有一点，至西周消失
弦纹	无	一根凸起的横线条	分栏线 带状边线	商代早期
竖条纹	无	垂直线条经二方连续组成纹样，一般为凸起或凹陷	带状装饰 面状装饰	商代晚期到西周
斜条纹	无	直线条呈"入"字形排列，也有用粗细相间的线条构成	分栏线 带状装饰	商代中期至西周
横条纹	无	又称平行线纹，横条作凸起或凹槽排列而成	面状装饰	西周中晚期至春秋
云雷纹	曲折雷纹 三角雷纹 勾连雷纹 菱形雷纹	云纹为柔和回旋连续线条，雷纹为方折角回旋连续线条。分二方连续或四方连续图案	带状装饰 母题填充 地纹装饰	商代早期作为带状装饰。商代晚期至西周早期主要作为地纹。春秋战国时期常以云雷变形纹作为母题填充
乳钉雷纹	无	以方格或斜方格为单元，雷纹为地纹，单元中间凸起乳钉。分二方连续或四方连续图案	母题装饰 带状装饰	商代中期至西周早期。商代乳钉扁圆，商周之际出现凸起较高的圆锥状乳钉
乳钉纹	无	凸起的乳钉四方连续阵列	母题装饰	商代早期至西周
囧纹	无	又称火纹或涡纹。圆圈中有四到八个回旋曲线，中央有一圆圈	带状装饰	出现于夏代晚期，至商代早期已较为普遍

情况：（1）整体造型性母题。即伴生母题的题材本身就是器物造型，如象尊、妇好鸮尊、虎食人卣等。一般为青铜器整体造型直接仿生动物本体形态，又巧妙地让造型与实用功能结合；（2）局部造型性母题。这类母题常常浮雕于器物之外，醒目度更高，题材价值也超过了兽面纹，成为"显性"的立体视觉符号，主要是动物或神化动物，包括羊、牛、龙、虎、犀、猫头鹰、神兽等。四羊方

尊、龙首兽面纹尊、大口三羊罍等均是此类的代表器物。这类母题大多为装饰作用，其礼器价值远大于功能价值，但也有部分具有实用功能，如西周早期利簋的两侧把手是两条内弯的龙，还有利用动物的口作为倒酒出口，使用夔龙形态做支撑腿等情况。（3）局部补充性母题。这一类伴生母题存在于兽面纹为主的器物上，主要是兽面纹的补充。如一部分青铜器的腹部是兽面纹，但在足部等不便使用兽面纹的部位会装饰有夔龙纹、蕉叶纹等三角形适合纹样，体现了器物"满花"的时代审美。伴生母题也常与兽面纹组成新的形态，以便于更好地与形态各异的器物"适形"，如西周早期的康生豆。这一时期的重点特征是满花和三重花的出现，辅助符号也趋于多样，不但延续发扬了早期的各种纹样，也在品类上有所创新。其中云雷纹被演化发扬到了极致，具有多种变形，成为一种主流适合纹样，用以填补母题轮廓内外的图案空间。

综上所述，青铜器纹饰的主要题材构成规律是以兽面纹及其他伴生题材为母题，以几何造型为辅助纹样，最为常见的几何纹样归纳如表4-1所示。

三、兽面纹器物信文案例分析[①]

1. 器物信文的毗邻轴要素

一件产品具有外延意指和内涵意指两大方面，外延意指是由产品的技术性、实用性等方面决定的，而内涵意指则由产品承载的社会性、文化性、心理性决定[②]。一个设计符号集合的符码组合具有横纵的

[①] 本节主要内容曾发表于《装饰》杂志2012年第3期，本次有部分修订。参见：张野,易晓.一件商早期兽面纹青铜礼器的设计符号分析[J]. 装饰,2012(03):78-79.
[②] 胡飞,杨瑞.设计符号与产品语意[M].北京:中国轻工业出版社,2003:147.

图 4-12 青铜器信文的毗邻轴要素

关系。横轴又称毗邻轴,其特点是包含性质不同的符码类型库,这个类型库在商代礼器的设计符号题材选择上,实质是一个闭合的选择库,例如商代早期的青铜鼎,只有圆形口沿和四方形口沿,并不存在三角形、六边形等其他形式。系谱轴又称纵轴,其具有两个基本特征,一是同一系谱轴的各子单元必有其共同之处,它们所共有的特质使它们同属于一个属类维度;二是在系谱轴里同一个单元必与其他单元清楚区隔[①]。对照语言符号学,可以把兽面纹青铜器看作一个复合符

---

① 百度百科.系谱轴[DB/OL].(2007-10-6) [2009-3-31].http://baike.baidu.com/view/1204827.htm.

号文本，其毗邻轴包括造型、色彩、材质、工艺、技术等组成部分。如果单独审视"造型"部分的话，还可以将毗邻轴进一步切分为三大文本段：(1) 功能文本段，如鼎的耳、身、腿等代表功能技术性的外延语义属性。(2) 功能象征复合文本段，即兼具实用性与象征性功能的造型。(3) 象征文本段，无功能的象征造型，如表面纹饰及其呈现的时代风格。(4) 解释文本段，如铭文。具体毗邻关系如图4-12所示。

2. 器物的外延意义符号集合

造型是外延意义的体现，该鼎为圆拱形鼎耳、口沿为圆形、鼎腹为半圆球形、有3只扁足。这些符号要素看似随意，但实质上严格遵循了商早期鼎的形制规范。这一时期的鼎主要分方鼎和半圆球鼎，鼎腹未出现过三角形、六边形等几何截面的类型，这必然是受到了某种"规则"的限制，这种规则是我国造物行为的一个特征，即受到"功能"与"礼制"双重目的影响。受实用功能所限，鼎的毗邻轴可分为鼎耳、鼎足、鼎腹、口沿四个部分，造物者可根据上述分类进一步选择亚型，以适应现实需求。设计中的选择行为本身是自由而开放的，但青铜器的造物行为却受到礼制的严格规范，可选集合也成为一个相对封闭的符号库，设计行为呈现出"受限制下的多元"特征，造物者通过规则允许的符号库进行符号替换，设计出新的外延样式。图4-13从外延意义角度总结了商代早期鼎的可选造型元素。

3. 器物的内涵意义符号集合

纹饰是内涵意义的载体，该鼎以兽面纹为母题，上下配合连珠纹形成装饰带，三条装饰带之间有弦纹分栏线，同时鼎足饰有夔

图 4-13 商代早期鼎的外延符号集合

纹。通过带状装饰配合弦纹或连珠纹进行横向装饰，是商代早期青铜器最为显著的时代特征。商代早期的纹饰简约质朴，图案结构简单。单就鼎来说，一般仅有一条装饰带组，这个装饰带组分中央母题装饰带和上下的辅助装饰带，有的无辅助带。鼎足可分无装饰和有装饰，有装饰又可分为依据截面分的几种纹饰：夔龙纹适合倒三角扁截面的鼎足；兽面纹带、弦纹带等适合在圆形截面使用，故往往出现在圆柱足上；蕉叶足组成的一方连续图案适合头大脚小的锥形足[①]。体现了古人以"质"定"文"的装饰符号选择巧思，造物者在规则限定下的集合中进行符号的选择与替换，实现纹样与器物的完美融合。图 4-14 是对这一时期纹饰可选元素库的总结性描述。

---

① 本处综合汇总了以下文献的观点：(1) 马承源.中国青铜器[M].上海:上海古籍出版社,2004:314. (2) 张光直.中国青铜时代[M]. 北京:三联书店,1999:65. (3) 彭世凡,李朝远.中国青铜器鉴赏图典[M].上海:上海辞书出版社,2007:55.

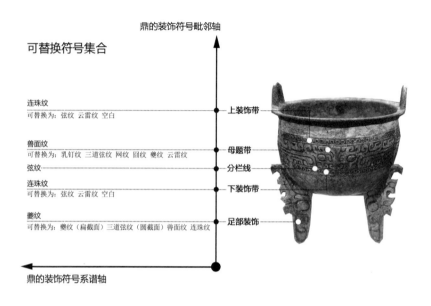

图 4-14 商代早期鼎的内涵符号集合

四、兽面纹设计思维与演进动因

1. 功能目的：崇神敬祖，遵从礼制

兽面纹是联系天人的桥梁，起源于古人对伟大人物的崇拜与神化，其形象逐渐被解构、省略、同构，最终以新的符号形态成为沟通人与神的媒介物。商人崇尚鬼神，认为祖先具有神化的特征，将祖先面孔与神化动物形态结合，形成充满神秘感与威慑力的符号形态，并将其置于祭祀、生活、军事工具上，达到维护统治阶级利益的目的。作为统治阶级形象的代表，兽面纹一般较少出现在劳动人民的生产工具上。兽面纹的功能随着统治阶级需求而不断改变。相传禹造九鼎震慑九州，青铜器主要用于贵族阶层的礼仪活动，使之成为"礼制"工具。在商周时期，战争与祭祀成为统治阶级政治社

会生活的头等大事，即"国之大事，在祀于戎"①。祭祀的对象主要分自然神、天地神和祖神，兽面纹很可能是祖神祭祀中赋予青铜器用以连接天地的代表符号。

"酒"或"食"也是商周时代宣扬礼教、划分尊卑的方式，兽面纹的发展演进也与酒器的兴衰流变呈现出密切的相关性。夏代风俗强调"食酒并重"，殷人"尚酒"，而周人"尚食"。而经考古发现，商代出土最多的是酒器的组合，这种风俗从早期二里岗时期就已经形成，至商代晚期和西周早期，随着工艺的进一步发展，出现了更为丰富的酒器类型如觯、觥、壶等。方形酒器也登堂入室，如方罍、方卣、方爵等。这说明商人尚酒的习俗发挥到了极致，并深刻影响了西周早期的造物行为。西周早期沿用商人重酒的礼制，但鉴于殷人"率肆于酒，故丧师"的历史教训，国家限制过多饮酒，到西周中晚期，许多酒器如角、斝、觯、卣、觥等几乎完全消失，尊、方彝、爵、壶等虽然还在使用，但造型也有变化。与此相反，食器大量增加，尤其是鼎和簋不但数量增多、形制发展，且经常以必备的形式出现，列鼎和编钟制度也逐渐完善和建立，此时兽面纹完全退出历史舞台，被变形窃曲纹和凤鸟纹等取代②。其本质原因是"祖神崇拜"与"殷人尚酒"的习俗被新的礼制思维所取代。

2. 造物思维：母型决定地纹，巧妙适应器物

从历时性视野观察兽面纹发展，发现在礼制规范的"设计镣铐"束缚下，商周时代的能工巧匠们发挥巧思，在形式各异的器型载体上围绕兽面纹主题进行纹饰创作，反映了造物活动中的三大象征意义赋形思维：

---

① 高至喜.商周青铜器与楚文化研究[M].长沙:岳麓书社,1999.
② 彭世凡,李朝远.中国青铜器鉴赏图典[M].上海:上海辞书出版社,2007:55.

（1）**造型整体拟象**。商代晚期出现大量直接拟象的青铜器造型，即器形由某个动物、人物形态决定，这种直接拟象的器物往往结合了实用功能，如象尊就是大象的仿生形态，象鼻中带有流口，后背有盖，是盛酒的大型器物。把拟象符号与器物的功能加以结合是第一层次的符号拟象。表面纹饰是第二层次的符号拟象，为器物附加了更多的象征意义。象尊的流口是一组虎、鸟组合，鼻下有一蛇纹；象额有涡状蟠虺纹一对；耳正面为云雷纹，背饰凤纹；从颈部至臀部到腿上，皆以云雷纹衬地，饰有饕餮、虎、夔龙和凤鸟等图像[①]。这种双层拟象也体现出古人的礼器设计思维：礼制与审美价值是实用功能的先导，造型语意需兼具外延（实用）与内涵（拟象）两方面意义，而纹饰则作为第二层次的拟象，补充并丰富了礼制与审美意义。

（2）**纹饰巧适器形**。商代早期，兽面纹以带状纹样的形式适应于圆形截面的器物上，如鼎、斝、爵、觚等，逐渐替代了夏代末期的网纹、弦纹等几何纹样。辅助图形方面，以单元重复的排列结构形成的带状图形是当时青铜器纹样的基本样式，常用于器型的颈部、肩部和腰部等部分，环绕器物形成一条连贯的装饰带[②]。随着时代的发展，兽面纹通过二方连续循环或拉长躯干的方式适合器物的圆周表面，或辅以乳钉完成环带装饰，巧妙地把兽面纹母题与器形完美融合。此外，兽面纹的伴生符号也体现了这种"巧适文质"的特点，夔龙纹适合倒三角扁截面的鼎足，而兽面纹带、弦纹带等适合在圆形截面的鼎足上使用，三至四个蕉叶纹组成的一方连续图案适合头大脚小的锥形足。形成了一种"合情合理"的象征主题融合方式。

（3）**地纹巧适母题**。商代晚期和西周早期出现了繁缛华丽的纹饰，云雷纹填补了兽面纹母题轮廓内外的空白，形成了"三重花"的时代特征。综观多个器物案例的图样可以发现，兽面纹母题决定了云雷纹地纹的走向、大小、范围和花式。根据母题造型的变化而做出适合或变形，使器物表面纹饰体现一种满铺状态，体现了"地纹巧适母题"的时代特征。

---

① 熊传新.湖南醴陵发现商代铜象尊[J].文物,1976(07):49-50,95-96.
② 路永泽.商周青铜器装饰纹样构成形式研究[J].装饰,2006(11):91.

3. 兴衰动因：象征意义流变，工艺技术发展

通过兽面纹青铜器案例的分析，结合整个兽面纹及其辅助图形的应用史，我们不难发现任何设计符号的兴衰都被内部动因和外部动因两方面力量所推动。

兽面纹的出现、兴盛和衰退的主要内在动因是统治阶级对这一符号意指内涵的需求变化。兽面纹在商代达到鼎盛，与商人尚鬼和祖神崇拜有关，频繁的占卜与祭祀活动，需要一个核心符号代表某种连接天人的神秘力量，兽面纹因此登上历史舞台。随着周朝建国后礼制体系的进一步完善，更加系统的统治阶级代表符号体系逐渐形成，兽面纹符号已经无法胜任描述这一全新系统的符号内涵，周人摒弃了商人的祖神崇拜与尚酒习俗，也是兽面纹退出历史舞台的重要原因。当符号的象征意义不被社会文化认可和接受，就到了退出历史的时刻[①]。

结合龙山、良渚之滥觞，纵观夏商周三代历史，我们可以发现兽面纹的兴衰也与阶级审美趋向密切相关。其单体符号造型形式在石器时代经历了从简单（大汶口文化）到繁缛（龙山和良渚文化）的第一次演进，在青铜器时代又经历了从简单（夏代至商初）再到繁缛（商晚到西周）的第二次演进，实证了人类的审美趋向总在复简之间循环往复，是符号形式演进的另一内在动因。这里可以勾勒出一个设计符号演变的曲线图，设计符号的风格在漫漫历史长河中从简单到繁复，不断在循环往复中螺旋发展演进，从单一符号开始解构，逐渐与外部符码组合，当符码组合发展到一定程度后成为约定俗成的基本的类型，又发散出诸多衍型，从而进入鼎盛期，最后又随着礼制与审美的内涵价值流失而逐渐退出历史舞台。

[①] 本处综合汇总了以下文献的观点：（1）朱志荣.商代审美意识研究[M].北京:人民出版社,2002:250.（2）李泽厚.美学三书[M].天津:天津社会科学院出版社,2003:29.（3）廖群.审美文化史先秦卷[M].济南:山东画报出版社,2003:109.（4）谢崇安.商周艺术[M].成都:巴蜀书社,1997:60.

工艺水平的发展是设计符号形式由简到繁的外在动因。石器时代陶玉器纹饰的简单造型是当时较低生产力发展水平的真实体现，后期随着工艺的进步，逐渐丰富繁复。进入青铜器时代早期，夏代兽面纹只是青铜底松绿石镶嵌兽面，说明铸造技术还不成熟。发展至商代早期，兽面纹青铜器多数体量较小，形式简单，仅配以弦纹、乳钉等几何造型，说明当时铸造工艺还难以做出纹饰复杂的器物。而随着商代中后期青铜器工艺的成熟，标准形制的兽面纹器物往往融合了多元化的象征主题创作，拟象器形也大量出现，器身多饰以繁复的云雷纹，满布三重花纹的出现标志着兽面纹题材发展到了鼎盛阶段。简单到繁复的两次循环实质是石器时代和青铜时代工艺技术水平发展的外在表现。

第五章　符必有意　意必吉祥[①]

福纹是我国最为常见的吉祥图案之一，被广泛应用于先民的生活器具上。其形态来自于语言的"字形"与"谐音"两大符号化途径，前者源于"福"字的图案化改造，被称为"福字纹"，后者源于发音与"福"相通的"蝠""芾"等视觉形象，其中使用蝙蝠形象的福纹符号，被称为"蝠纹"。研究福纹符号的符号意义赋值现象，分析其在吉祥符号文本中的构成与作用，可以管窥我国先民将祈福辟邪的美好愿望与造物活动结合的方式，探寻其中蕴含的民族设计符号思维。

一、福纹符号的所指意义

福纹符号的所指意义来源较为明确。所谓"福"，就是中华民族几千年来追求的美好愿望的总称，古人称"富贵寿考等齐备为福"，与"祸"意义相对。从文字学角度看，可将"福"字拆分成"示"与

[①] 本章主要内容曾发表于《装饰》杂志2013年第12期，本次有部分修订。参见：张野，纪托. 以福纹为例探析传统吉祥符号构成的设计思维[J].装饰,2013(12):80-81.

"畐"进行解读。最早的"福"字出现于甲骨文,偏旁"示"代表供坛①,偏旁"畐"表示酒坛②,是与祭祀有关的形声字。"福"将人的主观能动性融入其中,含有"祈福"和"护佑"之意,暗藏着"追求—获得"的程序意义,即希望上天护佑的一切顺利之事赋予某人。《说文解字》中即将"福"解释为"祐"。此外,"福"还与"备"含义相通,古时无轻唇音,"福、富、备"在古代实际上就是一个字,读音与意义均完全相同。《礼记·祭统》中记载:"福者,备也。备者,百顺之名也,无所不顺者之谓备。"有顺遂之意③。从传世古籍中的记载来看,福的各种解释不但涵盖了不同方面的"美好"之意,还有包罗万象的周全圆满之感。因此,"福"所指涉的"有利之事"范畴相当广泛,即"福"是对人生长寿、富贵、顺遂等有利之事的统称④。因此,可以将"福"字解释为祈祷上天赋予人周全圆满的有利之事。

先民造物活动中产生的吉祥纹样符号系统,可宽泛地归纳为"祈福"与"辟邪"两大目的,即追求人生中有利的美好事物,避免不好的事物降临发生。人与上天赋予的抽象概念"福",在心理与行动上需要一种具体的可视化符号进行联系。古人通过文字"福"加以演化形成图符,还通过"谐音"这种不甚严谨却又符合情理的意义赋值方法——寻找到"蝙蝠"等外来形象,将其约定成为"福"的具象符号。

---

① 王同亿.高级汉语词典兼汉英词典[M].海口:海南出版社,1996.书中描述如下:"示"部首可以看出这种圆满来自于上天相同的某种力量,"示"是动词,会意字。小篆字形的示是由上面两横和下面三竖表现的,"二"是古文"上"字,三竖代表日月星。甲骨文本作"T",象祭台形。表明其义多与祭祀、礼仪有关。而上天显现的迹象就是"示"的基本来源,示,现也。——《华严经音义》。《说文》:天垂象见吉凶所以示人也。《苍颉篇》:"古文三垂,日月星也。观乎天文以察时变,示神事也。示,现也。"
② 任小燕.素质教育与高职语文课程改革探索[J].今日湖北(理论版),2007(04):137-138.从示,发"畐"声。声符亦兼表字义。"畐",本象形是古容器名,"畐"一说有用酒祭祀鬼神来求得幸福的含义。"畐"又是"腹"字的初文,上象人首,"田"象腹部之形。腹中的"十"符,表示充满之义,则"畐"有腹满义。"福"与"富"有相同的偏旁"畐",以明家富则有福。
③ 诸天寅.释"福"字[J].文史知识,1982(06):109-111.文中考证了中华书局新版《说文》中将"福"解释为"祐"最初见于南唐徐铉审定的《说文解字》之中。
④ 《荀子·天论》:"师其类者谓之福";《韩非子·解老》:"全寿富贵之谓福";贾宜《道德说》中认为"安利之谓福"。

二、福纹符号的能指特征

与许多缺乏明确形象的符号概念相同，福纹的形态产生于语言。语言具有"字形"与"发音"两大能指属性，福纹形象一方面来自将"福"的字形图案化，另一方面则利用谐音将"福"转化为"蝠"（蝙蝠）、"芙"（芙蓉树）、"佛"（佛手柑）等可以用具象符号表达的形式。古人还在神话传说的基础上，创造了福禄寿三星的形象，这是一种约定俗成的非语言人文联想方法。其中前两者应用最为广泛，字形改造的福纹抽象简洁，适合作为母题符号使用，蝙蝠形象生动，自由度高，适合于装饰纹样或建筑构件等多种应用场景，因此两者逐渐占据了统治地位，经过长期的约定俗成，成为最受欢迎的"明星"吉祥符号。我们将聚焦形态特征，对福字纹、寿字纹、蝠纹的图符化过程加以分析。

1. 福字纹的能指形态分析

"福字纹"指经由字形联想演化而来的一类福纹。由于"福"字的笔画结构内部存在两处中轴对称，因此在图符化过程中的演变幅度较小，绝大多数情况下均可明确识别。由"福"字形演化而来的福纹主要有以下四种类型（图5-1）：

（1）**整体演变**：即"文字福"。将"福"字体笔画进行图案化归纳整理，使其适合圆形、方形、菱形等轮廓纹样，整体上具有原字体的笔画特征，可识别度较高。

（2）**局部演变**：即"满福"。截取"福"字的偏旁"畐"，并进行省略与图符化，是与最初字形发生较大变化的一种福纹。福字具有"畐"的充满之意，可引申出"满福"的涵义，为了表达这种周全圆满之意，进一步省略掉"畐"除"田"以外的部分，并把"田"

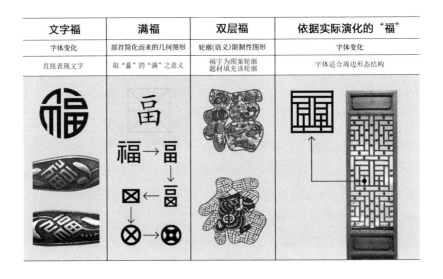

图 5-1 四种由文字形态演变形成的福字纹类型

转换为圆形,其中的笔画"十"旋转成对角,形成了类似方向盘的简单图符。

(3) **轮廓填充**:即"双层福"。以福字字形做构图背景,轮廓内填充其他吉祥符号。从图形修辞角度看,属于基于视觉符号 A 的轮廓限制,填充符号 B 平面图形的类型。

(4) **适合纹样**:即与功能需求结合的福字造型。利用对"福"字体笔画的增删与位移,去适合实用物品的外形轮廓结构,使其兼具"福"字的识别性与器物构件的功能性。该类型有别于前三种类型,是融合了外延价值、内涵价值与审美价值的设计手法。

2. 寿字纹的能指形态分析

"寿"乃五福之首,在特定意义上,也属于一种福字纹。在图案创作中,二者经常相互结合形成福寿纹。"寿"字虽不是汉字中最早出现的文字，但其运用极其广泛，在漫长的历史发展长河中，其变体的多样化，可以说超过了其他任何一个汉字，也是世界上任何一个文字所无法比拟的。"寿"字笔画复杂且字形不对称，导致图符演化过程相对复杂，形式变化更加繁多，最终形成的图符也较难识别回归为"寿"字的本来形态。正因如此，研究寿字纹的图符化过程，对了解古人的文字字形与图案转换思维方式更具价值。

寿字纹的形式多样性主要归因于"寿"字的复杂性，从历时性角度看，"寿"历经了甲骨文、金文、小篆，到楷书、行书、隶书等字体发展，其笔画形态各异，具有象形、假借、形声、转注等造字顺序演化，字形来源方式非常复杂。其中形声"寿"字居多，兼有少数指示字和会意字，比如画一圆圈，长四爪，长一头一尾，就是一个龟的样子，用这种东西指定它为寿。还有一种是会意，比如一个"千"字、一个"秋"字组合在一起也是寿的意义[①]。从共时性角度来说，古人为迎合"百寿"之意，常附会拓展出更多的寿字形式。清钱曾《读书敏求记·字学百寿字图》一卷，记南宋"绍定时静江令史谓于夫子岩刻百寿字。明正德时昆明赵壁编百寿字，分二十四体。[②]"明清时期流行的"百寿图"中字体号称百种之多（图5-2）。

"百寿图"中的100个小寿各有千秋、字体各异、无一雷同。其中楷、隶、篆、行、草、甲骨文等无所不有、小寿字旁还注明文体出处。其中以朝代分有商鼎文、周鼎文、汉鼎文等；以地域分有鳍隶、燕书、西夏台书等；以字体论有易篆、古隶、古斗金文、飞白书等；以书法家而言有程邈、怀素、虞（世南）书、蔡（襄）书、小王（献之）书以及书圣王羲之的"换鹅经"文体等。还有字如其形的蝌蚪文、星斗文、火文、树文、龙文、凤文、聚宝文等[③]。

---

① 常颖.中国传统吉祥图形"寿"与视觉设计[D].汕头:汕头大学,2007.
② 吴山.中国工艺美术大辞典[M].南京:南京美术出版社,1989.
③ 黄南津,刘家毅.百寿图考释[M].北京:中国档案出版社,2007.

图 5-2 百寿图

由此可见,古人在寿字的写法上充满了想象力,充分体现了将同一意义衍生为多种字体形式的发散性思维。而字体的多样性正是寿字纹图案种类丰富的原因(图 5-2)。

最具代表性的寿字纹是圆形轮廓的寿字纹与福寿纹,前者单独由"寿"字演化而来,后者则结合了"寿"与"福"的特征,二者外轮廓均为圆形,又被称为"团寿纹"。我们可以对两图做出以寿字为起始的图案编码过程模拟推演(图 5-3)。可看出文字图符化的程序大体经历以下步骤:第一步,截取文字的偏旁部首;第二步,通过笔画的添加、简化、省略、变形、合并等方法,在保留其"神"的基础上大胆变化其"形",最终呈现出几何性、对称性、适形性的特征;第三步,必要时同构其他符号特征,如圆形福寿纹就引入了蝙蝠的形态特征;第四步,必要时进行长形与圆形的形态转化,如圆形寿字纹就来源于长寿纹的圆形转化;第五步,站在图案美学角度进行细节微调,完成整个设计过程。

观察这一过程,可以总结出古人的字形图符化设计理念:

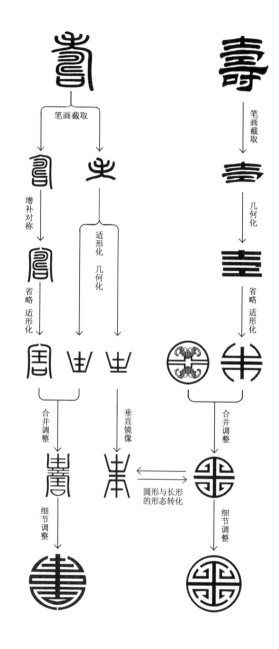

图 5-3 寿字纹与福寿纹的形成过程模拟

（1）几何简约，适应具体应用场景。古人为适合长形与圆形两种应用场景，相应创造出了"长寿"与"团寿"两种形式，多数寿字纹均可归为这两种外形。福寿纹往往应用于陶瓷器皿、建筑构件、手工剪纸等领域，按现在的说法，设计图纸需要简单明确，满足工程应用要求，所以图案必须易于制作且材料应用面广。因此，在文字到图符的转化过程中，一般要有将图案进行几何化和简约化的操作步骤。

（2）追求对称，满足周全圆满心理。对称性是文字转化为图符的重要原则，无论是"长寿纹"的轴对称，还是"团寿纹"的中心放射对称，都反映了古人追求均衡对称的审美意识。这要求创作者发挥巧思，将本不对称的文字通过多种折衷处理手法，转化为均衡对称的图案。

（3）符号同构，满足多重意义表达。部分寿字纹不单来源于寿字的笔画变化，也会结合一些外来符号的形式，如福寿纹就与对称蝙蝠的形态产生同构，融合了后者的形态特征。

3. 蝠纹的能指形态分析

源于蝙蝠形象的福纹符号，被称为"蝠纹"。民间艺人有口诀：蝙蝠从来不拘形，如龙似虎方称奇，虎头云耳身似鼠，两翅斜飞有高低[①]。可以看出，蝠纹的艺术表现形式与西方追求的写实主义不同，更为注重写意。蝠纹重在表现能识别蝙蝠主要特征的头、躯干和翅膀，头多被描绘成具有三条曲线的类三角形，一角表示蝙蝠的嘴唇部分，另两角分别表示蝙蝠的两耳，有时也存在省略双耳的情况。蝠纹的翅膀与身体比例大致相当，分主翅与前翅两部分，但两部分的具体造型、比例、动势等特征还需要依据构图与形式斟酌

---

① 班昆.中国传统图案大观（一）[M].北京:人民美术出版社,2003:237.

确定，如为了适应"团花"结构，蝙蝠的翅膀就需要设计成非常夸张的"V"形，以满足圆周轮廓的约束。部分蝙蝠的一对触须也极其夸张，具有蝴蝶而非蝙蝠的形态，可能是古人对蝙蝠胡须进行夸张以让整体风格曲线婉转，从而达到更高的艺术性[①]。也可能是受我国南方地区口音的影响，在江西等地，"蝴"发"福"音，因蝙蝠形象不及蝴蝶惹人喜爱，于是蝴蝶就替代了蝙蝠用于表达吉祥含义，而蝴蝶的触角特征又反过来融入蝙蝠的造型创作中。创作者在绘制蝙蝠形态时，一般还会省去蝙蝠身体肢与趾等细节部位的描绘，对蝙蝠原型中的丑陋部分进行省略[②]。

蝠纹的翅膀、躯干、尾部常常会增添其他装饰元素，丰富了纹样的层次，避免单调乏味。有的蝠纹图案在保持蝙蝠特征的基础上，呈现出更为简洁的几何化特征，成为一种"适合纹样"。不但在风格上实现了与周边简约造型的协调统一，又有效降低了施工工艺的复杂性，使其有利于满足功能场景需求，窗格装饰中就常见具有蝙蝠特征的团花图案。

三、福纹的二维视觉文本

1. 五福捧寿：符号系统的语构自闭性

"五福捧寿"是福纹应用中最为常见的二维视觉符号文本。五福之称，源于《尚书·洪范》："五福：一曰寿，二曰富，三曰康宁，四曰攸好德，五曰考终命。[③]" 先民认为五福概括了人间最为有利之事，其中"寿"为五福之首，因为健康长寿才能享受其他福

[①] 张智艳,吴卫.传统"五福捧寿"纹样符号阐释[J].艺术百家,2008,24(S2):157-160.
[②] 张智艳.传统蝙蝠纹样艺术符号研究[D].株洲:湖南工业大学,2009.
[③] 宋元人注.四书五经[M].天津:天津市古籍书店,1993.

分，因此，古人常将"福"与"寿"结合看待。就"五福捧寿"这一设计命题来说，由于后三福"康宁""攸好德""考终命"没有具象的表现形式，因此往往只能以"五只蝙蝠"代表五福这一方式破题。而寿又是其中的语义核心，具有诸多可用形象，由此产生了以"寿"为核心、"五蝠"围绕的表达形式。该图式概念在实践中得以反复强化，产生了诸多衍生形象，形成了"五福捧寿"这一源于文本语言的视觉符号组合。作为一句成语，"五福捧寿"也成为我国装饰图案设计的"口诀"，体现了先民在符号意义赋值上的模糊联系思维。

"五福捧寿"中的四个字对设计符号编码过程中参与符号的种类、数量、构图等提出了全面规范，体现出二维视觉符号系统的语构自闭性。其中"捧"的含义对构图提出了要求，即5个蝠纹需对寿字纹呈现出围绕而非脱离的形态。尽管五福捧寿纹形式多样，但也有一定规律可循：首先，周全圆满的圆形适合纹样、均衡对称的构图要求多有体现，如图5-4中的Ⅰ、Ⅱ、Ⅲ型；其次，动态均衡的理念是古人创作的常用手法，如图5-4中的Ⅱ型蝙蝠沿同一方向旋转形成动势，Ⅲ型蝙蝠则依中轴对称形成3种姿态，Ⅳ型的5只蝙蝠更是姿态各异；最后，"捧"的字义模糊性为先民发挥巧思创造了条件，"捧"有"托""举""簇""拥"等同义词，这为构图的形式自由带来了可能，为组合纹样中的蝙蝠表现方式留下了广阔的发挥空间，由此产生了形态各异、角度不同、位置多变的蝠纹形式。Ⅳ型就通过动态平衡的描绘手法，创作出无明显构图规律的蝙蝠地纹。

"五福捧寿"属于成语，"成"有约定俗成之意，在语言学角度属于语构规范最为稳定、结构相对自闭的一类。五福捧寿从"成语"到"纹饰"的演化，代表了许多类似的二维视觉符号设计语言构成规律，如"事事平安""万事如意"等成语作为设计"命题"，直接通

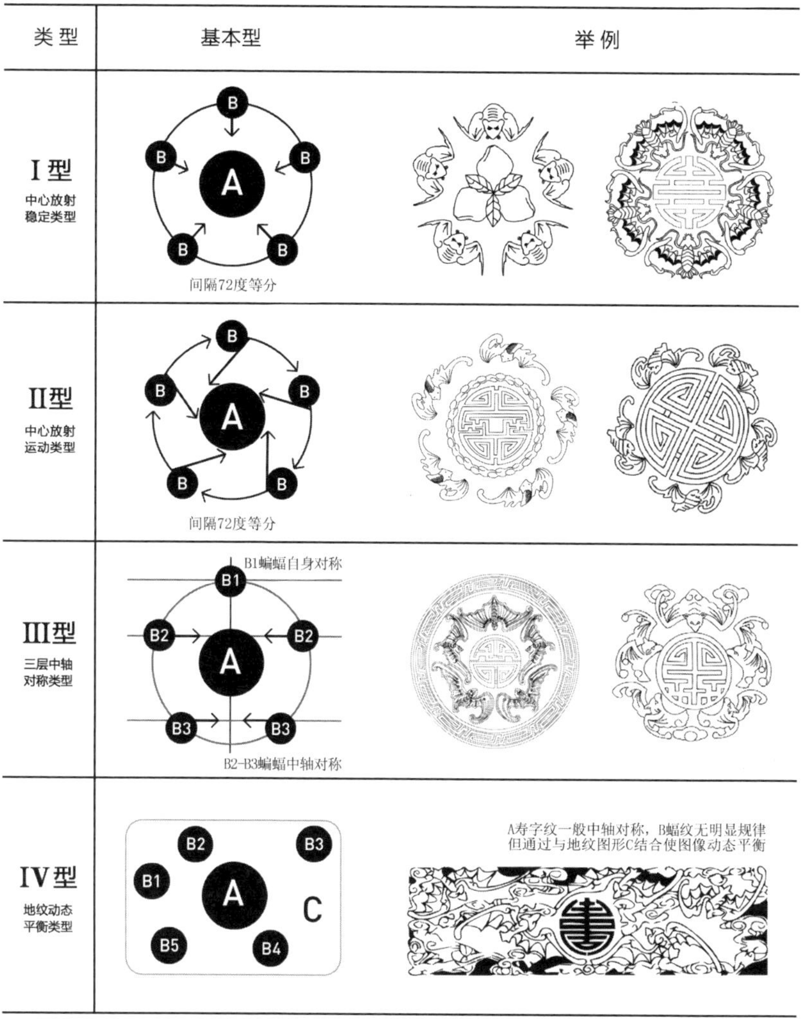

类型	基本型	举例	
Ⅰ型 中心放射 稳定类型	间隔72度等分		
Ⅱ型 中心放射 运动类型	间隔72度等分		
Ⅲ型 三层中轴 对称类型	B1蝙蝠自身对称 B2-B3蝙蝠中轴对称		
Ⅳ型 地纹动态 平衡类型		A寿字纹一般中轴对称，B蝙纹无明显规律 但通过与地纹图形C结合使图像动态平衡	

图 5-4 五福捧寿纹的常见构图模式

过瓶子、柿子、马鞍、如意等符号化纹样"解答"，这种"答题公式"反映了根植于汉语言系统的设计符号编码规则。作为命题的"成语"通过谐音寻找其视觉替代物，将其中不易表达的单个符号逐一替换为"名词"（如蝠纹），结合与位置有关的动词（如"捧"），形成更高层级的复合文本（如五福捧寿纹）。这种在设计之前被语言系统的惯用法（成语）决定的编码规则，可以称之为"预置的自闭符号系统"。而谐音的多义性和动词的自由度，让这种惯用法在自身系统内部具备了一定的开放性，为古代造物形式提供了自由度（图5-5）。

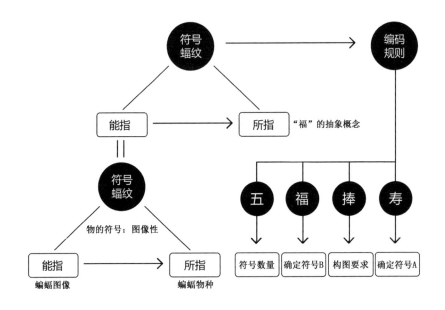

图5-5 "五福捧寿"的符号编码思维模式

2. 语言联想：符号系统的语意开放性

先民通过语言中字形联想与谐音联想的辩证思维，为每个单字找到了相对应的惯用图像性符号，并在使用与传播中被大众认可，逐步规范成为象征性符号。作为代表吉祥意义的汉语单字之一,"福"不是某个封闭词句的专属,而是在语法规则的限定下,以核心元素的形式,全方位地参与构成其他封闭的成语。关于"福"的词语有很多,如"万福""满福""福如东海""福善吉庆""福寿三多""福到眼前"等,这些词句提出了更高级的复合设计命题,构建起作为单词的"福纹"与其他符号复合的桥梁。语言与视觉符号的相通性原则,让福纹与其他吉祥符号形成了"开放的语意联系系统"。

(1) 语言与图符转换的编码规则

在确定的"成语命题"编码规则约束下,蝠纹作为吉祥符号集合中的一员,与集合中的其他符号成员组合搭配,通过设计修辞的词性转换,创造出多种表达美好愿望的纹样。围绕"福"的字面发音讨个"口彩"的符号意义转换方式随处可见,"蝙蝠"还可以谐音成"遍福",蝙蝠经常悬挂倒立的自然属性也被先民通过谐音转换,拟向成为"福到"。考察典型成语在设计中的"谐音法"词性转换情况,可以发现,无具体形象的抽象名词概念很容易找到另一个具象名词指代物,故词性在转换前后非常稳定。前文提到的"五福捧寿"是"数词—名词—动词—名词"结构,在语言向图像转换后,各部分词性都没有改变。而"福善吉庆"的 4 个字则全部都是名词,在替换完成后的词性也都没有变化。而方位词在多数情况下被转化为名词,如"福到眼前"可先被含糊大胆地转换为"福到前眼",随后被拆分为"福到"和"前眼"两个分段分别加以处理,前者被替代为"倒立的蝙蝠",含有具象形象,并且提示其方位角度,后者则被转换为具象的名词指代物"钱眼",这个例子可以看出,传统设计符号之间的转换或联想,符合规范的要求是"明确"的,但程序之间的联系却是"模糊"的。这种遵循"自圆其说"

图 5-6 "福"相关成语常见图案的能指与所指

而非"科学严谨"的推导与编码过程，体现出中国人的独特思维方式，即为达到语言与图像转换的成功编码目的，允许在小范围内巧妙地妥协、转化、融通，适度修改语法规则（图 5-6）。

分析与"福"有关的装饰符号成语，可以发现图符化后的词性转换规律：名词是符号编码的题材规则，数词则决定了相关符号的数量，动词一般都起到约定构图方式的作用，常常保持词性本身，或转换为方位词，通过形变、方向、角度等操作，保证系统中的各参与符号之间的关系"合情合理"，如"到"既可表示接近的趋势，也可谐音转换为"倒"表达倒立的状态，动词的词性转换特征不但对单个平面二维组合内符号的关系与位置产生影响，而且根据成语的命题内容，还可以在特殊情况下把其影响力延伸到更高层次的三维空间系统中，将"场外"符号召唤至组合文本之内，构建起了符号与语境之间的联系，成为一种"二维符号与空间文本的方位连词"。如"五福临门"中的"门"并不需要用"门形图案"表示，因为每家每户都有自己的建筑意义上的门，只需要把蝙蝠安置在门的前方或上方即可，这样动词"临"字就把二维符号"五蝠"与符号外的空间物质"门"联系在了一起。如果命题中不存在动词，那就只需要保证名词的种类与数量正确，并考虑图符所在物质载体轮廓的条件限制即可。简而言之，词性转化唯一需要遵从的规则在于谐音，谐音的多义性是打破规则的"尚方宝剑"（表 5-1）。

表 5-1 与"福"有关的装饰符号成语分析

成语命题	语构规则	表现形式	词性转化情况
福善吉庆	名+名+名+名	蝙蝠、扇子、桂子、玉磬	无变化
福寿三多	名+名+数+代	三多：佛手、桃子、石榴	代词转化为名词
五福捧寿	（数+名）+动+名	寿为中心，蝙蝠围绕	动词转化为方位词
福到眼前	（名+动）+（名+方位）	蝙蝠倒立，头向钱眼	动词转化为方位词 方位词转化成名词
福到平安	（名+动）+名+名	蝙蝠倒立或有接近瓶子、马鞍之势	动词转化为方位词
五福临门	（数+名）+动+名	大门上装饰蝙蝠图案	动词转化为方位词 最后一个名词指代了符号外系统的"门"
抬头见喜	（动+名+动）+名	门外贴一喜字	前三个字需要符号外系统的"门"来指代
分析结论	1. 名词一般稳定不变化； 2. 代词指代名词； 3. 动词决定符号在系统内的形变、构图、位置和趋势； 4. 数词规定相关符号的数量； 5. 方位词在某种情况下可转换为名词； 6. 部分成语中的名词并未转换为图符，而是指代图符所在的语境。		

（2）福纹与代表"无限圆满"的地纹符号组合

部分数词并不代表具体数目，而是指代无限及圆满之意，如"万、千、百、多"，这类数词指代的量级过大，不便用具体数目表现，就需要一些约定俗成的视觉符号来体现这些概念。这类视觉符号主要作为地纹使用，也不排除有部分本身代表无限之意的符号可作为单体与其他吉祥符号并置使用。

万字符是代表无限圆满的符号之一，是广泛流行于古代多个民族的一种装饰符号，是世界上最为古老的符咒、护符或宗教文化标志。在古埃及、波斯、希腊、印度、欧洲、西亚及阿尔泰语系民族中，普遍存在"卍"（卐）字符崇拜，在世界的不同时期、不同文化中具有不同的象征含义和不同的式样变体[①]。万字符通常被认为是太阳或火的象征，以后普遍被作为吉祥的标志[②]。在古印度，"卍"符号被当作"幸福"或"吉祥"之印[③]，随着古代印度佛教的传播，"卍"字也通常被认为是佛教的专用符号，常见于释迦牟尼的胸前，梵文意为"胸部的吉祥标志"或"包罗万象"，中国佛教界称之为"吉祥海云相"，武则天长寿二年（693年）制定此字读为"万"，意为"吉祥万德之所集"。在藏传佛教中，被赋予"法轮常转不止"的含义[④]。万字符有右旋（"卍"）与左旋（"卐"）两种方式，佛教一般以右旋为准。由于万字符的旋转特征体现出生生不息的含义，且可以首尾相连组成名为"万字曲水纹"四方连续图案，因此十分适合作为地纹使用，被赋予了"无限"的意义，被广泛应用于吉祥纹样的组合。"万福"就是以蝠纹为母题，以万字曲水纹为地纹，组合而成的装饰纹样。

云水纹也是吉祥符号的常用地纹，因云在天空中生生不息，海河波涛连绵不断，因此常常指代无限的概念，且其形式动感多变，非常适合不同场景的轮廓与命题需求，成为古人常用的吉祥图案地纹之一。此外，回形纹也具有线条不断、连绵不绝的四方连续

---

① 庄春辉.解读."卍"(卐)字符及其不同变体的文化表征意义[J].康定民族师范高等专科学校学报,2008(01):27-32.
② 宋丙玲.浅谈中国的"卐"字纹饰[J].四川文物,2006(02):59-63,70.
③ 杨甫旺."卍"符号与生殖崇拜初探[J].四川文物,1998(01):31-33.
④ 邵如林.话说"卐"字[J].丝绸之路,1999(02):56.

特征。佛教八宝之一的"盘长"也具有"无限"的含义，其形态连绵不绝，线条没有断点，被认为是具有生生不息特征的一种母题吉祥纹样，但它的形态不适合通过四方连续进行图案延展，因此不适合作为地纹（图5-7）。

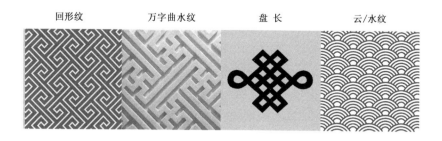

图5-7 表示"无限"之意的母题与地纹

四、吉祥语意的符号编码思维

1. "符"与"物"系统的巧妙结合

从语言符号的外延与内涵二分性来看，单体吉祥符号既需要满足上位文本集合的条件限制，又需要满足内涵意义的命题约定。中国传统吉祥纹样遍布于器物、建筑、年画、服装等人工物之上，设计符号受实用性及其所在设计语境的天然约束。"符"与"物"一体共存，"物"是"符"的载体，"符"受"物"的属性限制，并影响了纹饰符号的形态与构图。二维图形的轮廓约束，三维造型的载体约束，器物与建筑的构造、材质、工艺约束都为创作带来了种种限制，遵循功能性语构规律，是开展设计编码的先决条件。先民在任何设计中——包括那些仅有装饰价值的符号，都要尽可能地通过"巧

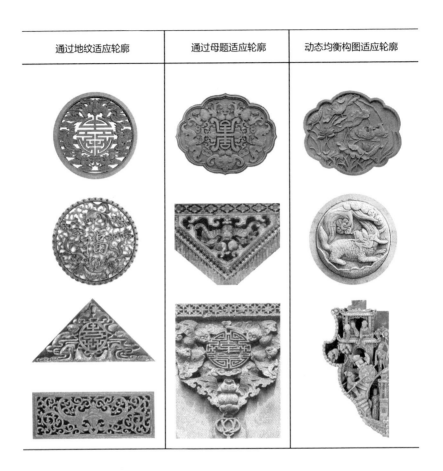

图 5-8 纹样适应轮廓的手段

适事物",变化符号的形式特征,将设计物的外延与内涵巧妙结合。

"轮廓"是符号编码的首要外延限制因素,对此一般通过两种手段符合这种限制,第一是将主题符号转变为与"物"适合的形态造型,如寿字纹就包括适合长方形轮廓的"长寿"和适合圆形的"团寿";第二是通过地纹填充主题符号之外的空白使其与"物"的轮廓适合。在满足外延约束条件基础上,还需要保证设计命题信息的准确传达。如在设计一款"五福捧寿"的门墩任务中，就需在"圆形"这一外延约束条件下，完成对成语"五福捧寿"中所约定的数量"5"、福纹可选符号、寿字纹可选符号、均衡对称等显性或隐性符号的编码表达。先民通过构图、动势、尺度、比例、呼应等"巧适"手法，完美地平衡了造物行为中意义传达、审美喜好、实用功能的复杂关系（图5-8）。

2. 谐音赋值的符号转换规律

符号学家索绪尔确定了符号的能指与所指概念，他写道："我们把概念与声音形象的结合叫作符号……我们建议保留用符号这个词表示整体，用所指与能指这个词分别代表概念与声音形象[1]"。苏珊·朗格说："形式的相似与逻辑结构的一致，对于符号与其所意味的东西之间的关系来说是首先不可缺少的。符号与其象征事物之间必然具有某种共同的东西[2]"。这种"某种共同的东西"有相当一部分就是索绪尔所说的语言系统声音形象，声音形象的相似性，成为符号形式与概念间的相互转换媒介，也成为中国古代造物的常用符号赋值工具。

从古至今，与"福"字同发"fu"音的汉字不下100余个。排除动词、连词、地名等抽象的、无具体形象的字，光有具体形象的名词也有几十个，涵盖了动植物、人体、人伦、神话物、人工物等类别（表5-2）。通过对传统吉祥符号谐音赋值的情况考察可以发现，动植物、人工物是常用的拟象来源，如"事事平安"就用了柿子、瓶子、马鞍等植物与人造物作为赋值要素。而指代"人体"部

---

[1] (瑞士)索绪尔.普通语言学教程[M].刘丽译.北京:九州出版社,2007:92.
[2] (美)苏珊·朗格.情感与形式[M].刘大基,傅志强,周发祥,译.北京:中国社会科学出版社,1986:37.

表 5-2 与“福”发音接近的文字

发“fu”音的汉字	动物	蝠、凫、蚨、鲋、蜉、蝮、鲋、蚹、鳺、[illegible]、鮲等
	植物	芙、麸、苻、桴、菔、茯、榧、棉、莩、榑、栿、芣、芾等
	人体	腹、肤、脯、腑、趺、跗等
	人伦	夫、父等
	神化物	佛、黼等
	人工物	斧、釜、袱、绂、滏、绋、鈇、砩、幞等

位这种不全面事物的字，指代“人伦”等相对抽象概念的字，以及不宜随意应用的“神化物”的字一般不会选作符号的赋值要素。此外，被选择的指代物应具有一定的符号认知基础，如“蝙蝠”显然比“蚨、鲋、蜉、蝮”等更为大众所熟知。被选择的指代物还应有差异化的形象识别特征，避免与其他形象混淆，如“鲋、鲋”都是鱼的一种，与“鲤鱼、草鱼、青鱼”等无法准确区分。由此可见，尽管我国古代符号赋值手段来源于模拟的辩证思维，但在识别性、认知性和避免信道噪声干扰的要求上，与设计信息传播的基本原则并不矛盾。

3. 符号替换的模糊联系思维

先民在创造符号过程中的主要意义赋值手段包括“语言”和“人文”两大联系方式，这在吉祥意义的符号赋值方面体现得尤为明显。“语言联系”包括字形联想和谐音联想①，“人文联系”包括形态联想、性质联想、行为联想和约定联想。可以看出，大多数符号的能指和所指本无直接联系，但先民通过一系列不“合理”但“合

① 张道一，郭廉夫. 古代建筑雕刻纹饰(寓意吉祥)[M]. 南京: 江苏美术出版社, 2007:3.

情"的联想过程，最后形成了约定俗成的象征符号。本质上体现了一种"模糊联系思维"（表 5-3）。

模糊联系思维是我国古代符号赋值的特色模式。杨裕富先生将其称为"模拟辩证思维"，认为这是一种"方法论的直觉思维"，用具体的情节来填充思维的"未知"空间，用叙事或拟象的手法来解释观察事件，用整体的效果来评判事件，是一种"有情的宇宙观"，主要通过整体思维、目的思维和直觉思维分析解决问题。这种模拟辩证法与西方的辩证法不尽相同，西方强调"真相"，注重形式与过程的严谨。而中国的模拟辩证思维，是先求思维对象与熟悉事物之间的类似性，先求"想象"，注重模拟辩证后的"解释能力"，而在推理过程中无所谓程序上的"第一因"的困扰[①]。

4. 祈福辟邪符号的毗邻系谱集合

中国符号设计编码程序遵循的"模糊联系思维"，是"强制规定"与"自圆其说"的结合体。依托这种具有民族特色的编码规则，先民实现了"符"与"物"的转换，其根本目标是创造天人互通的符号媒介，达到祈福与辟邪的目的。这种信息媒介的创造过程看似"模糊"，却体现了国人造物活动中以人为本的现实主义目的。

历经千年的约定俗成，中国吉祥文化形成了极为庞大的视觉符号系谱毗邻关系集合："祈福"与"辟邪"两大目的是毗邻轴的正负两极，"语言联想"和"人文联想"是系谱轴的正负两极。古代的能工巧匠们在这具有四个象限的集合中，根据命题的需要选择适合意义的符号，并在外延规则的约定下开展造物活动（图 5-9）。祈福类的符号来源类型比较宽泛，先民利用"模糊联系思维"，从"字形"与"谐音"出发，融合

---

① 杨裕富.创意活力——产品设计方法论[M].长春:吉林科学技术出版社,2004:172.

表 5-3 符号替换的模糊联系手段

符号联系手段	联想方式	举例
语言联系	字形联想	寿字转化为团寿纹、长寿纹
	谐音联想	福与蝙蝠、余与鱼、平与瓶、吉与鸡和戟
人文联系	形态联想	云雷纹、云纹与无限之意；石榴、葡萄多子；竹子笔直形态与人格正直
	性质联想	梅花代表傲骨（寒梅傲雪）；元宝代表财富；万字符及盘长有连绵不断头的性质；依据相生相克思想，五毒（蜈蚣、蛇等五种毒物）可"以毒克毒"用于辟邪目的
	行为联想	因斑鸠吃米速度快而不噎，将鸠装饰于老人的拐杖上，意祝老人不噎长寿；搔背器解痒非常"如意"，故如意形态来自于搔背器造型
	约定联想	直接约定俗成的哲学、宗教、神话、传说、历史等人文符号，如太极、龙、凤、十二生肖；桃子表长寿（王母寿桃传说）；钟馗驱鬼辟邪等

了尽可能多的联想方法去创造吉祥符号。而避邪类符号则大多来源于约定联想及性质联想，更注重联想逻辑的严谨性，较少用谐音这种"弱逻辑"联系方式，如长命锁可以锁住小孩不让上天把他收走（夭折），体现出"锁"的性质。此外，一部分吉祥符号还具备祈福与避邪的双重特质，如玉可以避邪，同时也具有高贵、品行、财富等多重含义，麒麟本是避邪之物，同时还具有仁德的性质，并拥有送子的功能。先民将人生一世所能遇见的各种目的都赋予了美好的愿望，形成了一个祈福避邪的吉祥符号系统，他们用长命锁锁住生命、用宝剑斩断避邪魔、用钟馗防范鬼怪、用五子登科求得功名。他们用辟邪符号武装自己的居舍，将自己包裹在一个保护罩中，防止上天带来的祸患近及其身。他们将吉祥符号体现在生活的各个角落，试图通过这些符号联系上天，把好运带给自己。其本质是通过"符"与"天"的沟通达到为"人"服务的目的。

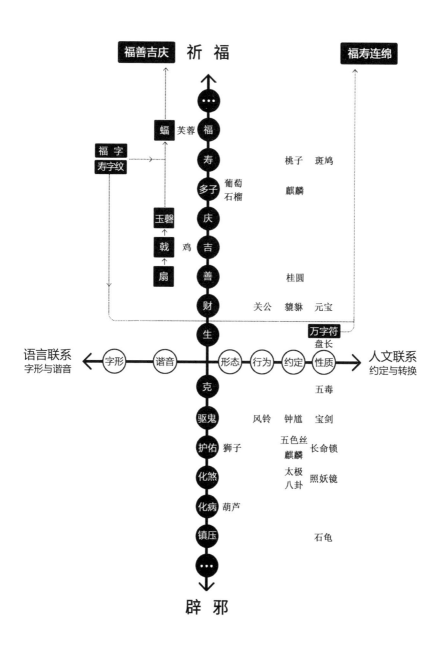

图 5-9 祈福辟邪符号的毗邻系谱选择集合

第六章 传统造物的符号学思维

中国古代造物活动中的设计符号思维模式,源于先民对世间万物发展规律的认识,"形而上"的思想也深刻地影响了"形而下"的器物形式。设计符号意义的来源与转化是古人联系"天"与"人"的手段。让我们从设计案例研究转向至凝缩人类文明的著作,深入探析中国古代工艺典籍中的具体观点,从文字描述中总结先民造物理念中体现出的设计符号学思想,进而分析易学图式中呈现的信息设计思维,总结古代造物与现代设计的思维规律共通之处。

一、传统工艺典籍中的设计符号学思想[①]

1. 设计符号的关联性(共时性)原则

关联性原则是设计符号学的主要原则之一[②],在共时性原则的界定下,这一原则仅考虑符号的意义联系而不涉及其他因素。胡飞根据用户的心理模型把产品符号的关联分为产品与外部环境关

[①] 本节主要内容曾发表于《河北学刊》杂志2009年第5期。参见:张野.传统工艺典籍中的设计符号学思想[J].河北学刊,2009,29(05):217-219.
[②] 包林.设计的视野:关于设计在大的知识门类之间的位置与状况[M].石家庄:河北美术出版社,2003:119-120.

联（物—环境关联）、产品的内部元素关联（物—物关联）以及产品与用户自身的关联（人—物关联），也可以理解成语意的关联、语构的关联和语用的关联①。从符号语意关联的角度看，古人特别关注"器"与"象"的联系，"形而上者谓之道，形而下者谓之器"②。老子《道德经·第五十一章》曰："物刑（形）之而器成之"，试图通过"器"之"象"联系"人与天地"③。《易经·系辞上》云："阖户谓之坤、辟户谓之乾。一阖一辟谓之变，往来不穷谓之通。见乃谓之象，形乃谓之器，制而用之谓之法，利用出入，民而用之谓之神。"④也就是通过"法"（编码手段）联系"器"和"象"，亦即是通过设计方法联系符号的能指与所指。这种关联又可分为三个层次：

(1) 物—道关联

造物形式应与本质认知规律意象关联，所谓"易"就是"象"，"象"就是"易"，《易经·系辞下》云："古者包栖王之王天下也，仰则观象于天，俯则观法于地，观鸟兽之文，与地之宜，近取诸身，远取诸物，于是始作八卦，以通神明之德，以类万物之情。"⑤指象数符号来自于对事物普遍规律的总结。李伯时《考古图》序言云："圣人制器尚象，载道垂戒，寓不传之妙于器用之间，以遗后人。"⑥这是说明"器"必须与"道"进行符号关联，要求人在造物之初即要首先考虑"道理"，用以垂范后人。"道"也是设计之事的指导原则，如《淮南子·泰族训》："天地之道，极则反，盈则损。五色虽郎，有时而渝。"⑦告诫我们

---

① 胡飞.工业设计符号基础[M].北京:高等教育出版社,2007:225.
② 天白.易经图解[M].长春:长春出版社,1991:4.
③ 刘坤生.周易老子新证[M].南京:江苏文艺出版社,1992:41.
④ 阮元.周易正义[M].影印阮刻《十三经注疏》本.北京:中华书局,1980.卷七.
⑤ 同上,卷八.
⑥ 郭廉夫,毛延亨.中国设计理论辑要[M].南京:江苏美术出版社,2008:90.
⑦ 赵宗乙.淮南子译注[M].哈尔滨:黑龙江人民出版社,2003,卷二十一.

把握"度"的重要性。《易经·系辞下》云:"刚柔者,立本也者也;变通者,趋时者也;凶吉者,贞胜者也。"① 意思是刚柔为本,巧妙变通,追随时代趋势,守正则胜,这在当今也是极具价值的设计理念。

(2) 物—象关联

如果说"物以载道"是传统造物活动中的设计理念要求,那么"制器尚象"则是礼制人文类与民用人造类符号形态构建的指导原则。《易经·系辞上》云:"易有圣人之四道焉……制器者尚其象。"② 设计符号来源与对自然环境规律的观察,从而总结的道理应依据周边熟悉事物之象加以表现,即"刚柔交错,天文也;文明以止,人文也。观乎天文,以察时变;观乎人文,以化成天下。"③《周易·系辞下》:"上古结绳而治,后世圣人易之以书契,百官以治,万民以察。"④ 从这句话我们似乎可以明白为什么洛书要以圆点和直线表示,而为什么后来的洛书变成了用汉字写的"九宫格"了,上古无文字,图需依据结绳记事的形象而画,而后世有文字则可以表示为"九宫格"。东汉班固在《白虎通》中说:"明堂上圆下方……上圆法天,下方法地,八窗象四风,四门法四时,九室法九州,十二座法十二月。"⑤ 把人工物与天地宇宙关联,体现了器物语构的"形"与"数"于自然特征规律之间的宏观拟象。《周礼·冬官》也有类似论述:"轸之方也,以象地也;盖之圆也,以象天也;轮辐三十,以象日月也;盖弓二十有八,以象星也。"⑥ 有的产品外延功能与自然事物的形象类似,比如爵和麻雀形象类似,所以古人给这

---

① 阮元.周易正义[M].影印阮刻《十三经注疏》本.北京:中华书局,1980.卷八.
② 阮元.周易正义[M].影印阮刻《十三经注疏》本.北京:中华书局,1980.卷一.
③ 同上,卷三.
④ 同上,卷八.
⑤ 班固.白虎通[M].南京:中华书局,1985.
⑥ 阮元.周礼注疏[M].影印阮刻《十三经注疏》本.北京:中华书局,1980.卷三十九.

种器物起了"爵"这么一个类似"雀"的名字。宋代《尔雅翼·释鸟》:"雀之字通于爵。古作爵,饮器以为名,象爵之形……所以饮器象爵也,取其鸣节节足足也。量亦取象也。"① 苏州园林的"借景"也是符号与符号外系统关联而产生新的符号形象的巧妙例子。

(3) 物—物关联

在器物内部元素与器物族系关联的角度上,往往根据阴阳、五行、三才等核心理论以及礼制的等级要求,对符号在某一器物上的意义象征或使用方式做出约定。《考工记》中:"知者创物,巧者述之守之,谓之工。"② 明确认为圣人创造的"物"之规矩要求后人"述之守之"。《左传·左公五年》云:"昭文章(纹饰鲜明),明贵贱,辨等列,顺少长,习威仪。"③ 这对设计符号族系的规范性使用提出了理论支持。《考工记》中有一段有关"玉人之事"的论述可以管窥古人是如何通过"器"之制度"明贵贱、辨等列"的:

玉人之事:镇圭尺有二寸,天子守之。命圭九寸,谓之桓圭,公守之。命圭七寸,谓之信圭,侯守之。命圭七寸,谓之躬圭,伯守之。天子执瑁四寸,以朝诸侯。天子用全,上公用龙,侯用瓒,伯用将。继子男,执皮帛。天子圭中必。四圭尺有二寸,以祀天。大圭长三尺,杼上终葵首,天子服之。土圭尺有五寸,以致日,以土地。祼圭尺有二寸,有瓒,以祀庙。琬圭九寸而缫,以象德。琰圭九寸,判规,以除慝,以易行。璧羡度尺,好三寸,以为度。圭璧五寸,以祀日月星辰。④

---

① 罗愿.钦定四库全书荟要-尔雅翼[M].长春:吉林出版集团,2005:120.
② 闻人军.考工记译注[D].上海:上海古籍出版社,2008:2.
③ 阮元.春秋左传正义[M].影印阮刻《十三经注疏》本.北京:中华书局,1980.
④ 闻人军.考工记译注[D].上海:上海古籍出版社,2008:162.

在器物与器物之间构成系列化产品中,强调系统内符号之间的联系,这也是天人合一系统观产生的结果,如四神瓦当,青龙、白虎、朱雀、玄武表示四个方向的圣兽,被分别作为瓦当的装饰,四个不同的单个符号之间产生了意义上的联系,构成了一个宇宙系统;又如先秦车乘的各部件数量分别指代了不同的天文符号,也构成了一个宇宙系统[①];战国编钟、列鼎的套系之数也可以直接反映出使用者的阶级地位。

2. 设计符号的历时性原则

中国设计符号特征的流变及代表符号的兴衰交替充分诠释了历时性原则,《礼记·檀弓上》记述了先秦三代的色彩符号变化:"夏后氏尚黑:大事敛(入殓)用昏,戎事乘骊(黑马),牲用玄。殷人尚白:大事敛用日中,戎事乘翰(白马),牲用白。周人尚赤:大事敛用日出,戎事用騵(赤毛白腹马),牲用骍(红色牲畜)。"[②]这种符号变化也是应和于中国的核心规律——五行理论的。夏代为水德,故崇尚黑色,商代为金德,故崇尚白色。周代为火德,故为崇尚赤色。从三代符号的色彩变化,可以看出中国传统设计符号的历时发展也受礼制规范影响。

3. 设计符号的切分性原则

"切分"一词是索绪尔以来语言学研究的关键术语,"能指"与"所指"就是符号切分的结果。从符号学到后结构主义的发展中,在面对包括二维和三维在内的造型符号时,从德里达开始,"解构"

---

① 张野.传统文化产品语义层次与特征分析[J].河北大学学报,2009(1):124.
② 阮元.礼记正义[M].影印阮刻《十三经注疏》本.北京:中华书局,1980.卷六.

一词代替了"切分",但实质并未改变。工业设计符号研究首先就是在关联性素材集合的基础上进行切分,使素材中所包含的所有因素都能出现在系统之中,符号意义便是由此而来的一种秩序[1]。儒学中的"格物"思想对中国古代工艺产生了非常大的影响,这种通过"格物"探究事物道理的认知方式与现代符号学的切分性原则不谋而合。《礼记·大学》云:"致知在格物,物格而后知至"[2]。《抱朴子内·篇》论述:"非穷理尽性者,不能知其指归;非原始见终者,不能得其所情状也。"[3]明代刘基《郁离子·论物理》也提出了类似符号切分原则的指导思想:"观其著(显现的外延)以知微(隐匿的内涵),察其显(造型)而见隐(意义),此格物致知之道也。"[4]朱熹在《朱文公文集》中论述了道和器的关系:"道即器,器即道,两者未尝相离。"[5]从符号学思想来看,可以把其中的"道"理解成符号的所指,把"器"理解成符号的能指,那么"两者未尝相离"指的就是一个符号中含有能指和所指两个切分元素,两者互相依存,缺一而不能成为符号。切分的目的在于形式与意义的结构分析,其反向是结合,朱熹对道器关系的阐述,显然比单纯强调"形式追随功能"的现代主义设计更为深刻全面,后者一味追求功能与机能价值,将"象"从"形"中剥离,呈现出简约和几何化的形态,却忽略了设计所应承载的社会性与文化性功能,因而在 20 世纪晚期被后现代主义等流派所批判。可以说,在某种程度上,传统文化中的"制器尚象""文以载道"等符号学思想在当今仍然具有一定现实意义。

---

[1] 胡飞.工业设计符号基础[M].北京:高等教育出版社,2007:226.
[2] 阮元.礼记正义[M].影印阮刻《十三经注疏》本.北京:中华书局,1980.卷六十.
[3] 王明.抱朴子内篇校释(增订本)[M].北京:中华书局,1985.
[4] 郭廉夫,毛延亨.中国设计理论辑要[M].南京:江苏美术出版社,2008:93.
[5] 朱熹.朱文公文集[M].四部丛刊初编集部,上海:商务印书馆缩印明刊本,1989.卷三十.

4. 设计符号的替换性原则

符号的存在要具有价值，一方面要能与不同类的事物交换，如能指与所指的交换，另一方面要能与同类的事物交换。替换是一种人为的改变某个符号结构中的某个构成要素，从而达到符号意义或感觉的变异手段。一般可以通过切分的办法找出导致这种变异的最小实体片断，并将之定义为实体要素，同时为这个构成要素列出一份类别清单[①]，本书称之为毗邻系谱集合，这是设计符号具有替换性的基础。尽管在传统工艺典籍中很难找到替换性原则的记载，但在实际造物过程中，替换手段比比皆是，先民在预定的设计命题下，通过替换原则丰富装饰内容，变化形式，从而达到创新。如兽面纹先被切分为眼、角、耳、鼻等构成要素，而眼之构成要素又被归纳为若干形式。先民在设计兽面纹图案时，根据实际需要选择相应的眼之形式、角之形式等，从而变化出多种不同的兽面纹形态，这属于符码角度的替换。五福捧寿纹有多种"构图模式"可供选择，这属于文本角度的替换。先民善于通过工艺口诀或套路记忆，在造物过程中，利用替换原则巧妙解决设计问题。

5. 设计符号意义的文质思辨

文质关系也是古人论述的重点，从现代产品设计要素划分的角度审视，"质"就是产品造型、材质肌理等物理属性及其担负的实用功能，从产品语意学角度来看，其在完成实用功能明示意的同时也传达了设计者赋予的伴示意价值，"文"则是无任何实用功能（无外延）的装饰、纹样、色彩、肌理等产品表面处理及其承载的心理、文化、社会与象征功能。在外延与内涵意义兼具的"质"与仅有内涵

---

① 胡飞.工业设计符号基础[M].北京:高等教育出版社,2007:227.

意义的"文"的关系上，古人强调应该各得其所、相互协调，不能厚此薄彼。《论语·雍也》阐述了这种关系："质胜文则野，文胜质则史。文质彬彬，然后君子。"①虽然说的是君子着装打扮之事，但对器物设计也是通用的。《论语·颜渊》中认为文和质是辩证的关系，是决定事物基本属性的矛盾统一概念："文犹质也，质犹文也。虎豹之鞟犹犬羊之鞟。"②意思是如果不讲究花纹之饰，去除了斑点的虎、豹就和犬、羊没什么区别了。同理，如果一个产品没有其造型或装饰的内涵符号特征，就无法分辨其时代性、地域性、文化性和社会性特点。关于"装饰"的争论在2000多年前的春秋战国时期就开始了，孔子认为："不可无饰，不饰无貌，无貌不敬，不敬无礼，无礼不立。"③而法家和道家则提出，器物应以实用为主，不能为"装饰"而"装饰"，这些思想至今仍是工业设计的指导思想之一。老子在《道德经》中写到："大巧若拙""大器晚成""大象无形"等概念。《韩非子·解老》云："和氏之璧，不饰五彩；隋侯之珠，不饰银黄。其质物美，物不足以饰之。"④虽然儒家理论最终占据了上风，但究竟是"饰"还是不"饰"，一直是各学派理论争论的焦点。笔者以为，儒、道、法家都没有错，只是切入角度以及对内涵的功能性理解不同。儒家思想为统治阶级服务，强调饰物具有教化和等级划分的文化功能；道家、法家更关注民生，从现代设计的实用经济性原则角度看，无疑也是积极的。实质上，"好设计"必须同时关注实用的外延功能及其承载的社会文化价值，应根据实际情况及使用目的，在设计过程中协调两者之间的关系，明代的卫泳即代表此类思想："饰不可过，亦不可缺。淡妆浓抹，惟取实宜耳。"⑤（图6-1）

---

① 郑玄,刘宝楠.论语正义[M].影印世界书局《诸子集成》本.上海:上海书店,1986:135.
② 同上.
③ 郭廉夫,毛延亨.中国设计理论辑要[M].南京:江苏美术出版社,2008:50.
④ 同上,55页.
⑤ 同上,99页.

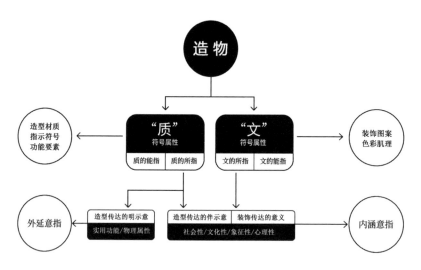

图 6-1 从现代设计符号与产品语意角度反思"文与质"的关系

6. "观象之道"与设计修辞

"观象之道"即传统文化中的"设计修辞"。古人的"观象之道"规范而多元,前文已有详细论述,在此不必再论。但古人之"象"绝非毫无依据的牵强附会,其选择与运用必有其逻辑。以下三大手段有必要重点提及:

(1) "取象比类"的题材来源修辞手法

通过分析产品功能、特征、工艺等非视觉属性,与自然事物的属性类比,构建起人造物与自然物的联系,以此确定人造物的设计题材。《考工记》中有一段关于将动物行为属性与器物功能属性比照拟象的经典论述:

梓人为笋虡（钟磬的支架）。天下之大兽五：脂者，膏者，臝者，羽者，鳞者。宗庙之事，脂者、膏者以为牲，臝者、羽者、鳞者以为笋虡。外骨、内骨，却行、仄行，连行、纡行，以脰鸣者，以注鸣者，以旁鸣者，以翼鸣者，以股鸣者，以胸鸣者，谓之小虫之属，以为雕琢。厚唇弇口，出目短耳，大胸燿後，大体短脰：若是者谓之臝属，恒有力而不能走，其声大而宏。有力而不能走，则於任重宜；大声而宏，则於钟宜。若是者以为钟虡，是故击其所县而由其鸣焉。锐喙决吻，数目顾脰，小体骞腹：若是者谓之羽属，恒无力而轻，其声清阳而远闻。无力而轻，则於任轻宜，其声清阳而远闻，於磬宜。若是者以为磬虡，故击其所县而由其虡鸣。小首而长，抟身而鸿，若是者谓之鳞属，以为笋。①

这段记载先将天下动物分为五种，其中能发声鸣叫的三种动物："臝者、羽者、鳞者"作为钟磬的装饰主题，从而隐喻声音之发放，实现听觉与视觉的转换。磬轻声高频，以羽属作为支架，则击磬犹如羽鸣；钟重声宏，用臝属为支架，则击钟犹臝鸣。以较粗壮的臝属为承重要求较重的钟的支架；以纤巧形体的羽属悬磬，各得其所，从而集实用与美观和联想一身②。南宋郑樵《器服略尊彝爵之制》中对体量大的器物为何多以云雷纹装饰有如下论述："器之大者莫如罍，物之大者莫如山，故象山以制罍，或为大器，而刻云雷以象焉"③。清代谷应泰在《博物要览·古杂器》中云："又若今之杖头用鸠者，以老人多因噎，鸠能治咽之义，故三代有鸠鸟杖头。"④鸠鸟啄食快速而不见噎食，所以被认为是为不噎之鸟，以此为手杖之装饰，是为了敬祝老人健康长寿。大宅门前的石狮一公一母为何？取太极之一阴一阳之象。五福为何用五个蝙蝠之数表示？取五行之数理。这种例子数不胜数。

---

① 闻人军.考工记导读[M].成都:巴蜀书社,1988.
② 徐勤."梓人为筍虡"——《考工记》工艺思想拾零[J].装饰,1996(02):48-49.
③ 王汇文.南方原始瓷研究[D].苏州:苏州大学,2009.
④ 谷应泰.博物要览[M].北京:商务印书馆,1939.

(2)"巧法造化"的风格构成修辞手法

隐性设计语意包括民族符号的造型特征、构图习惯、风格意向等非"题材来源修辞"要素,是通过其"意境"和"神"来模拟天地自然之"象"的。明代黄成《髹饰录·楷法》中云:"三法:巧法造化,质则人身;文象阴阳。"后世杨明注释:"巧法造化——天地合同万物生,根据自然条件设计;质则人身——骨肉皮筋巧做神,瘦肥美丑文为限,器物结构犹如人体,骨肉相连,肥瘦得体;文象阴阳——定位自然成凸凹,生成天质见玄黄。法造化者,百工之同法也,文质者,髹工之道也。取象阴阳,虚实相生。"[1] 中国古代的造型构成、纹饰构成、画面构成均与阴阳相生的核心思想相关,书法与国画中的"起承转合""疏可跑马,密不透风"之说,都体现了中国独特的隐性设计语意原则。这种规律与前文研究结合,进一步可以强化我们对系统联系、应时而变、全面圆满、均衡对称等构图特征的认识,而所有这些特征均通过"巧适事物"得以实现[2]。

(3)"师法自然"的技术创新手段

"师法自然"即模拟自然事物的状态或功能以求得到新技术、新形式,也就是仿生原则。现代很多技术创新都来源于仿生,古人早已利用自然事物的运行原理与生存之道进行新技术的开发。汉代牟融在《牟子》中写道:"夫转蓬漂而车轮成,洼木流而舟楫设,蜘蛛布而罻罗陈,鸟迹见而文字作。"《庄子·田子方》曰:"天地有大美而不言,四时有明法而不议,万物有成理而不说。"[3] 提醒先民要

---

[1] 黄成(大成),杨明(清仲).《髹饰录》[J]. 中国生漆,1991(03):43-48.
[2] 李乐山.产品符号学的设计思想[J].装饰,2002,4:211-216.
[3] 苏荟敏.石涛《画语录》美学思想研究[D].上海:复旦大学,2007.

师法自然，将设计审美、设计法理建立在顺应万物规律的基础之上。

通过研究可以发现，传统工艺典籍与现代设计符号学存在着诸多理论共通之处，这些思想对当代民族文化的设计实践具有积极的意义。

二、易学图式中的信息设计理念

从现代信息设计角度审视，我们完全可以骄傲地说，古人在易图学领域取得了极高的成就，无论是对比今人还是西方均毫不逊色。易图学的兴盛主要有以下两个原因：第一，图形较文字更为直观易懂，这在普遍文化水平不高的古代，更有利于实现信息的传达；第二，易学的内涵极其深刻丰富，具有抽象复杂的逻辑，图形显然比文字更容易描绘事物的本质规律，图形化语言更有利于描述天道的本质规律。北宋刘牧所著的《易数钩隐图》是易图学较早的著作之一，该书通过黑白点与连线图式表达河图、洛书的主要特征，抽象的视觉语言解释并强化了河图、洛书是整部《周易》源泉的这一论点。从现代视角观察易学图式，我们至少可以发现古人早已具备了如下信息设计理念：

1. 使用图例

易学典籍中普遍存在着图例（图6-2），仅卦象就有阴—阳爻的长短横线符号、刘牧的黑白点、朱熹的黑白块等多种图例样式，这些图例串联起全书的图式骨架，成为有效解释复杂图式的"零部件"。元代吴澄为加强自身理论的合法性，将所画河图洛书赋予"龙马负图，神龟贡书"的神话传说，并将朱熹的黑白点状图书表达为"马背旋毛"与"神龟甲坼"方式，就是图形信息表达法中使用具象符号替换抽象概念的一种"图例修辞"创造行为。

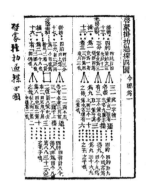 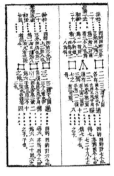 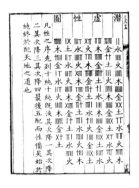

启蒙挂扐过揲四图　　　　　　潜虚性图
(明)来知德著《周易集注》　　(南宋)杨甲撰《六经图·大易象数钩深图》

图 6-2 易学著作中广泛存在的图例

2. 成分分布信息图

　　成分分布是一种非常重要的信息可视化表达方法。宋代杨甲所作的"卦爻律吕图"就是该图式的典型案例，在这幅图中，成对的实心黑点代表阴爻，单个的空心白点代表阳爻，依据十二消息卦的数理推演进行成分分布表达，将"− −"符号无法表达的信息以一目了然的通过黑白二色直观地加以呈现，让观者一目了然地发现月象分布规律。受"卦爻律吕图"启发，元代胡一桂绘制了"文王十二月卦气图"，使用黑白色块表示阴−阳爻，进一步加强了这种成分分布的观感，为来知德太极图的产生奠定了基础。除所列典型案例之外，易学典籍中还存在着大量的成分分布信息图，来知德的《易经来注图解》中在大量运用此类图式的基础上，还与其他信息表达方法结合，用于表达更为复杂的易学概念（图 6-3）。

六十四卦生自两仪图　　　　先天六十四卦方位之图

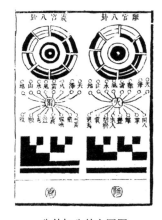 

八卦加八卦方圆图　　　　　方圆相生图

图 6-3 成分分布信息图与其他图式混排（明）来知德《易经来注图解》

3. 流程图

　　周敦颐太极图的五层图式是典型的流程图代表，这幅图没有采用象数推演的表达方法，而是将若干抽象义理组合为一图，按先后逻辑自上而下阵列，通过五个图式解释了自"无极"演变为"万物化生"的若干关键步骤。在《大易象数钩深图》的尾页，有"古今易学传授图",将始自孔子、终于周敦颐和二程的易学传承关系表达得清楚明了,其后还附有北宋陈抟一系的易图传承关系流程图(图6-4)。

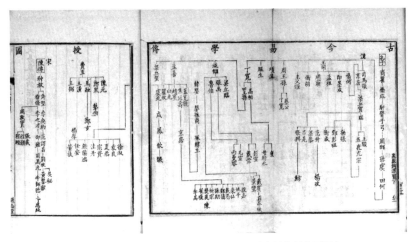

图6-4 易学传授脉络流程图(元)张理《大易象数钩深图》

4. 图文混排信息图

图文混排信息图也是易图的一大特色,这是古人为便于学理传播而创作的一种易读易懂的图式。一般以"图"为核心,配以文字,"图"一般为图像符号(如隐喻指代物)或指示符号(如地图),这种图式在古代典籍中大量存在。在宋代道士僻隐子所绘的《借假修真图》中,绘有一人物形象,以其为核心,将义理文字对应在相应人体部位处,配合以抽象图符,构成了一个图文混排的综合符号系统。元代张理在《大易象数钩深图》中绘有一幅"革卦炉鞴鼓铸图",将火炉与八卦图形同构,达到了抽象义理与具象图像的融合。明代池纪在表达洛书概念的页面上方绘制了一只具象的"龟",下方配合洛书的数理符号图式,将具象与抽象结合,用具象来辅助理解抽象,也是这类信息图的代表(图6-5)。

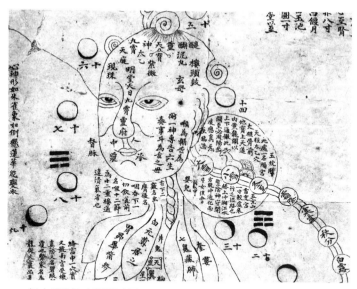

（宋）瘪隐子《借假修真图》（局部）

（元）张理《大易象数钩深图》
清康熙二年通志堂刊印版

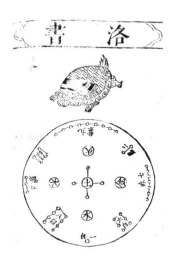

（明）池纪《新编日用涓吉奇门五总龟》
明善成堂刻本（现存国家图书馆）

图 6-5 易学典籍中的图文综合信息图

5. 拓扑结构信息图

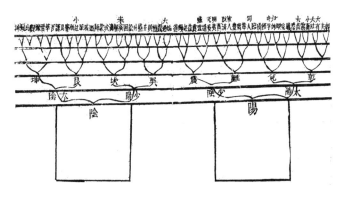

伏羲六十四卦次月横图

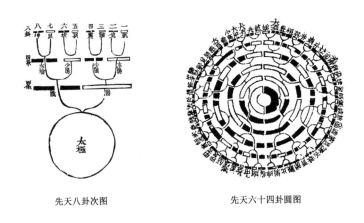

先天八卦次图　　　　　先天六十四卦圆图

图 6-6 各种拓扑结构信息图 (明) 来知德《易经来注图解》

"拓扑结构"就是把实体概念抽象成为与其大小、形状无关的"点",并以"线"进行连接,用于表达实体之间的层级关系。拓扑结构信息图重在关注以图的形式来表示事物联结关系的方法,包括总线型、星形、网状、环形等表达方式。来知德的《易经来注图解》中就存在大量用于表达信息层级及其相互关系的图式，其中"伏羲六十四卦次月横图"与"先天八卦次图"使用了总线拓扑结构，而"先天六十四卦圆图"则将这种拓扑结构转换为环形拓扑图，值得今人学习。从上述几张图中，也可以看到拓扑图、成分分布图及图例等信息表达方式的综合运用（图6-6）。

三、传统文化显性设计符号编码思维

设计修辞学是研究设计符号的选择、加工、组合、表达手段的专门学问。设计修辞学研究主体的实质在于探析设计的方式手段，即设计符号的编码。人作为符号化思维的动物，其视觉符号编码行为，本质是通过选择符号题材来源→选择符号组合方式→选择符号表达形式这一路径得以实施,千变万化的创意均来自于上述选择的排列组合[①]。其中的"题材来源"修辞手法，决定了"设计符号用何概念创作"这一关键问题，其结果是可见可读的，可称为显性设计符号。而"组合关系"与"风格形式"则与修辞处理手法的习惯与审美有关，更多指涉符号的形式特征，其手法产生的结果可称之为隐性设计符号。因此，设计符号可相应地被分为显性符号和隐性符号两种，为了更好地阐述这两个概念的关系，我们先举一个比较典型的例子：国画与油画在表达同一个牡丹花主题时，其构图技法与习惯存在显著差异，国画强调以点带面、概括留白，重在意境表达；而西方油画强调写实，呈现出真实的光影与体量感。在这个例子中，"牡丹花"就是一种符号题材概念，属于显性设计符号。而中西方的风格表现、花的数量、构图习惯等间接设计特征，属于隐性设计符号。显性与隐性意指共同作用于同一个符号形式之中。

受易学思想影响，先民认为世间万物的"题材"均可划归到阴阳八卦的属性之中，反之，阴阳八卦也可以化生万物。因此，我们可以依托

---

① 朱永明.平面传达设计中的结构符号语言特征[J].装饰,2006(10):8-9.

"太极型"层级构建设计题材的意义来源模型,即传统文化显性设计符号思维模型,依据从太极到八卦的化生次序,该模型相应分为四个层次:

(1)"**太极**"层次:即指代"本初"意义的设计符号形式题材,是一类最为抽象的设计符号语言,如点、线、面、体指涉的符号概念。如平面圆点、立体的圆球、方形体、四方形、八边形等,这些几何形必须具有其指代的意义才可成为显性符号,如河图洛书中的点和直线,与象数相关,又如太极图式,与义理相关。

(2)"**两仪**"层次:阴阳两仪具有互动性,二者相互对立又相互转化。前文我们对中国传统造物中设计符号的意义来源手段已经做出较为深入的探讨,可以明确中国传统设计符号主要来源于"观象"和"语言"两大途径。中文是象形思维的产物,语言与自然事物本身即可互读互译。语言系统是表达事物系统的抽象手段,所有世间万物都可以用汉语言文字加以表现,二者的关系与两仪的性质十分类似,呈现出互根转化性。二者是获取传统文化全部显性符号意义来源的两大途径。

(3)"**四象**"层次:"观象"与"语言"两大途径可以各自再分两种类型,共四种情况,与"四象"对应。"观象"是人观察天地自然事物进行的直接或间接拟象联系方法,可分为"自然事物"和"人为事物"两象,前者是自然界本身的存在或状态,不以人的出现而转移,如动植物、山川、雷电等事物,也包括对自然事物的运行规律的拟象;后者则是人类活动中产生的物质与非物质文化,包括人文、历史、典故、人造物等。"语言"则是表达世间万物的汉语言文字系统,由于语言具有"文字"和"发音"两大符号能指形态,故产生了"字形联系"与"谐音联系"两种符号来源。古代先民在造物活动常使用字形创造符号,如寿字演化为寿字纹,也常通过谐音联系创造新的符号意义,如利用"福"与"蝠"同音,用蝠蝠形象指代"福"的概念。

（4）"八卦"层次：人为事物、自然事物、字形联系、语音联系这"四象"可以再向下切分为八种显性符号意义来源类型。"人为事物"可再分为"人文事物"和"人造事物"两类。前者相对宏观，指习俗、传说、历史、典故等约定俗成的叙事性符号系统中的相关题材，如关公指代财神，龙代表天子；"人造事物"相对具体，指与人生产生活直接相关的器具、用品、图案等指代的符号意义。"自然事物"可按意义来源手段分为"具象自然"和"抽象自然"两种情况，前者看得见摸得着，指直接提取具象自然形态加以符号应用，如云纹是对云的概括与模拟；后者则将自然性质规律加以总结，进而凝练为抽象符号，如太极符、万字符，是人对宇宙万物规律反复推敲与系统思考得到的符号形态。也有经过分析、想象与整合形成的视觉化产物，如雷纹中心放射波浪圈的形态是对雷声波发放状态的理解与表达，鸠代表长寿是对鸠的行为进行思考的结果等。"字形联系"可再分为两种，一是直接使用字形，二是字形改造图形化，如寿字被整合、节略以适合圆形轮廓，形成团花寿字纹。"谐音联系"可分为两种，一种是"名字联系所指"，即通过两个词的同音联系，使用有明确视觉形象概念去替代另一个无明确视觉形象的概念，如在"福到眼前"图案设计中，通过同音转换，利用"福"与"蝠"发音相同，将蝙蝠的形象指代了形象不明的"福"，利用"前"与"钱"发音相同，用钱币图案指代形象不明的"前"。另一种则是以动词的词性变化对图形或造型的空间构成、平面构成产生约定。如"福到眼前"的"到"字被联系转化为"倒"字，相应构图中以"蝙蝠倒挂"的形式加以表达。

上述四个层次构成了类似"太极型"的设计思维模型，是先民确定设计题材的主要语意联系手段，是传统文化显性设计符号来源的主要方法（图6-7）。

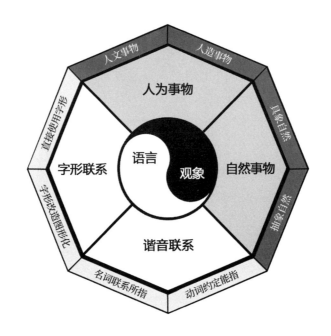

图 6-7 传统文化显性设计符号思维模型

四、传统文化隐性设计符号编码思维

1. 再论"道、法、器"的关系

纵观中国传统器物"尚象"之手段,可以发现设计符号能指与"道"之大系统的紧密联系。这种联系深刻地反映了创造"符之象"的思维模式。中国传统思想中的核心概念——"道",把天地万物之最抽象的"理"浓缩为一个字。而适应这个"道"的根本手段就是"易",《易经》与《道德经》就是这个思想的理论体现。形而上的"道"需要在形而下的"器"中有所体现,南宋朱熹曰:"盖天下之物有形有象者皆器也,其理便在其中。"在符号学角度可以做如下理解:"形"乃外延、"象"乃内涵,有形有象才能称作是一个具备符号意义的器物,而器物之"象"即是天地万物之象，直接指向象之来源——"道"。

"道"产生"理"，理相对于道，既指向知识的代码，也指向事物的客体与思维的主体，既有"理论"的指涉，也有事物过程由来的"理由"的指涉[①]。"理"向上联系思维模式、向下联系实际手段。"理"在设计角度可以看作是造物活动的基本法则，古人称之为"法"，"师法自然""巧法造化"即是其中本意。先民顺从于自然之"道"，巧妙地通过"易"去适应实际的设计任务和外部环境状况，即是"法"之道理，这种道理的来源就是思维模式。杨裕富认为这些传统思维模式大致可分为模拟辩证思维、叙述思维、直觉、整体、目的思维。根据这些思维提出了"有情的宇宙观"[②]：当事物之"象"的征兆有限时，中国人会以"情"（人际关系与人伦和制度）来填补这个空白；当事物之"象"的信息过多时，中国人会选取生活情境中最典型的剧本（诸如神话、信仰、故事）来筛选过多的"象"。这个"最典型剧本"是对信息冗余或信息噪声干扰的控制手段，即使用人们最为熟悉的事物进行编码。这种不甚严谨的思维模式就是"情"。"情"之手段归纳起来就是"适合"和"变通"。但中国人的设计思维不但要合乎"情"，也要合乎"理"，理包括"数理"和"事理"两方面，自易经构建起数理符号系统之后，古人就多用"数"来模拟"道"与"象"。"三才""五行""八卦"这些名词的本意，都是由"数"来界定"事"的。多数情况下，"数"都是符号或图像系统中不可或缺的元素。中国人通过"事理"决定了"器"之层面的设计原则和方法。柳冠中认为人为事物的科学是研究不同的人（或同一人）在不同环境、条件、时间等因素下的需求，及由此影响人的使用状态、使用过程的特征。这个规律就是搜寻需求目标的限制因素以确立目标系统——实"事"；然后再选择造"物"的原理、材料、工艺、设备、形态、色彩等内因——即求"是"，这个阶段是概念设计阶段，也

---

① 杨裕富.创意活力——产品设计方法论[M].长春:吉林科学技术出版社,2004:172.
② 同上.

是创造"新物种"的阶段[①]。中国先民的造物手段和器物呈现的符号表象与其生活方式、思维模式紧密相通，其本质都是通过符合"道"的规律，以期望为"人"所服务。

"法"是联系转化"器"与"道"的中介，"法"既是效法又是法则，上可师从"大道"，下可作为准则。而"法"的两大特征就是"情"和"理"，人为事物要"合情合理"，设计符号编码也要"合情合理"。合情之"法"包括"变通之情"和"适应之情"，合理之"法"包括"数理"和"事理"（图6-8）。

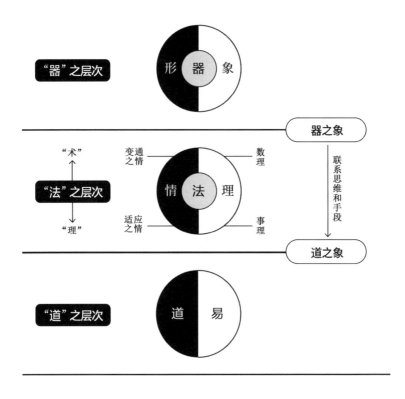

图6-8 "道""法""器"的关系

---

① 柳冠中.事理学论纲[M].长沙:中南大学出版社,2006.

2. 隐性设计符号的"巧易"编码之法

　　无论是"师法"还是"巧法"，都是为了适应"道"，通过"适"顺应宇宙之道的"易"的基本特征。器物不但要适应不断变化的使用功能与意义传达需求，还要去适应天之道理。一件器物一定通过"易"来适应天时、地利、物宜、材美、工巧的要求。因此，"易"既是中国传统造物的核心思想，也是造物之"法"的思维方式，我们既可以把"易"理解为替换性原则及替换后所指意义的变异，也可以理解为通过形式的积极变异以适应语境的变化。从传统文化角度看，"易"不但是设计符号的编码目的，也是编码手段，它存在于设计行为的各个阶段中：首先，设计主题随使用者的经济地位、社会地位、个人喜好不断变化，具有"易"的属性，要求造物的内容、风格、造型等都要有相应变化，此为设计需求之"易"。其次，不同的使用环境、地域环境、历史条件变化均需要器物承载不同的文化属性，此为设计语境之"易"；再次，造物之"易"是对宇宙规律之"易"的顺应，"易"是造物者师从的天然范式，即便外界条件对造物行为没有要求，造物者也要通过变化来师从这种思想，积极求异。而易的核心在于"度"，度是控制"变"与"不变"的关键点，度是衡量设计水准的关键指标，先民在造物行为中非常注重对"度"的控制。

　　先民在适应"易"的过程中，体现了五大设计思维：

　　(1)"替"——**选择替换思维**。替换性即是设计符号形式变化的主要原则，也是先民解决设计问题的主要手段。一方面，"替"是应对设计命题意义变化的方法。如命题为"五福捧寿"，则选择蝙蝠和寿字作为符号构成，如命题变为"万福"，则选择蝙蝠和万字纹作为符号构成。另一方面，"替"是应对设计条件变化的方法，如寿字纹有长形和团花两种形式，先民根据不同的构图轮廓条件，选择合适的形式去适应现实载体的要求。

(2)"联"——**器象联系思维**。类似性与邻近性是设计符号学中符号得以替换的基本联想手段。中国人善于取象比类，强调用"器"来承载社会、文化、心理目的，建立起了产品系统与宇宙系统的全面联系，这种联系体现于各个层面：其一，器物与天道相联系，人们通过模拟自然与创造符号完成造物行为，达到天人相连、祈福辟邪的目的。其二，器物与使用者联系，达到贯通法理、适合情理的目的。其三，器物与文字联系，如福、寿在语言系统中的意义关联被引申成为装饰中的图案结合。

(3)"均"——**均衡对称思维**。"均"是系统特征的表达，包括"绝对均衡"和"动态平衡"两种同一性的概念。从设计符号学角度看，可分为能指与所指的绝对对称、能指与所指的动态平衡，如龙与龙的图式属于能指形态对称，而龙与凤的图式是由所指意义导向下产生的对称，石狮子形态相似，左右对应，但细节并不相同，公狮子踩球，母狮子踩小狮子，一公一母也是意义上的对称。中庸之道是把握、评估、实现对称均衡思想的手段，能工巧匠通过对称均衡体现"中庸之道"，也在"易"的思想指引下，打破对称，通过构图或造型的巧思，在不对称中给人以均衡稳定之感。

(4)"全"——**全面圆满思维**。"全"是系统观的体现。传统文化中，大系统包容万物，而任何一个可以再分的小系统在某种意义上都可以视为大系统。佛祖说一粒沙子中有大千世界，中医把一个人看作是一个宇宙，内含五行相生相克之理，这种思想在设计中也得到充分体现：一是单个物体即可指代全部的思想，如以点带面；二是通过系列符号模拟"天"的性质，皇帝服装饰以五色，暗指五行，将宇宙所有物质元素融汇一身。十二生肖代表十二干支，指代天运行的规律。四神瓦当代表四方，铜钱外圆内方指代天地，都是造物元素指代大系统的例子。全面圆满的思想也深刻地影响了设计形态，圆形、放射图形、对称造型在于古代器物中大量存在。

(5)"数"——**系统定语思维**。"数"是系统规律的总结，是传统造物的重要限定规则。易经本身就是象数符号和义理符号共同组成的经文，图符一开始就与数理密不可分。先民将天象规律总结归纳成为庞大的数理系统，不仅用象数预测指导自身的行为，也在造物活动中使用"数"来约定设计内容。数与客观规律性质对应，如阴阳观决定的数字2的含义、五行观决定的数字5的含义。数字是对大系统的拟象，是设计符号的前提定语。五福捧寿通过"5"这个数字指代五行，指向全面圆满。天子用九鼎，鼎代表王权，数字9指代天下九州，9是为天子制鼎的前提限定。

3. 符合五行之象的隐性设计符号编码思维

仔细审视上述五种"易"之方法，发现其中关系奇妙无穷。"替""联""均""全""数"虽是五种具体手段，但又可相互转化，甚至其背后指向目的是一致的。"易"是天象运行的特点，是设计的核心思想，"易"的不断运动转化性，既可以通过"替"得以实现，又可以依托"联"将"器象"模拟为"天象"，将具象的器物意义指涉为抽象的系统意义，因此，"联"和"替"是实现"易"的两大途径，三者辩证统一。而"全"则是对宇宙全貌与稳定性的模拟，是儒道释思想的集中体现，是动态稳定的整体观呈现出的视觉心理特征。"均"是对"全"的特征描述，包括基于系统观的"绝对均衡"与"动态平衡"两个同一的概念，描述了宇宙运行的义理规律，决定了设计中的视觉特征要素。"数"与之相对，是以象数为方法解读宇宙规律的另一种途径，通过"设计之数"与"天象之数"联系，是设计实践中的隐性特征规则。以上五种通过变化达到符号创新的手段，实质都在指涉"天象"的特征规律，可以称之为"五易"。"五易"的造物规律如同五行所衍生的五色、五材等概念，具备相生之特点，但由于其本质同一，故不具备相克之意。我们可

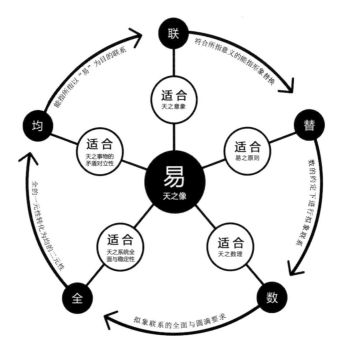

图 6-9 传统文化隐性设计符号思维模型

以从"全"开始考察"五易"这一思维模型的运行过程（图 6-9）。

（1）由"全"到"均"。"全"是全面系统的本质，是一元论的体现。"全"包括"以点带面"之全和"全面表现"之全，前者指用单个符号指代整个系统，与设计修辞学中的"提喻"概念相通；后者指通过不同性质符号组成自闭文本描述整个系统，传统设计语言中的符码、符号、文本等全部层级的取舍、叠加、组合行为均不能脱离这一要求。器物或装饰中的设计符号无论属于哪一层级，都需要满足适应"全"之语意。在满足"全"的前提下，一元性生化为二元性，设计符号组合需要进一步体现宇宙阴阳和谐、矛盾对立的思想，由此进一步使用"均"之理念指导设计。

（2）由"均"到"联"。"均"是全面系统的二分，是二元论的体现，也是"全"的进一步特征解释，既包括能指形式上均衡对称，也包括所指意义均衡对称。如何将"绝对平均"转化为"动态平衡"，从而体现二元系统中相互转化、运行不止的特征，这就要通过"易"的原则去打破这种均衡并建立起新的均衡，因此，在满足了"全"和"均"的基本要求之后，将进一步考虑"易"最为重要的实现手段——"联"。

（3）由"联"到"替"。器物并非脱离于文化背景的孤立之物，需要与天象联系，并满足天象的"易"之特征。因此，"联"是象征符号系统建立的渠道，器物与天象的联系体现了"易"的第一性和第二性。"易"的第一性要求是"手段之易"，即表达手法需联系"易"的要求，如书法的"起承转合"是通过"转"达到"易"，通过"合"回到"均"的，"转"的过程就是构图与"易"的"联"之手段。"易"的第二性要求是"目的之易"，即"易"是基本目的，这一目的通过符号之间的意义联系取得形态转换，或通过符号之间的形态联系取得意义转换。"联"作为一种宏观手段，需要通过"替"的微观操作得以实现。

（4）由"替"到"数"。替换性是设计符号的基本原则，需要根据设计命题与设计语境之"易"，通过"联"的思想建立起符号的集合关系，而后通过符号的选择替换以求带来形式与内涵的变化，即"替"是实现"易"之思想和"联"之路径的主要手段。"替"需要符合"数"之规定，"数"是礼制与民用符号为适合"天之数"的规范，是符号设计的隐形规则，经历"替"之手段和"数"之规定的编码操作才成为具备中国传统文化意义的象征符号。

（5）由"数"到"全"。"数"是将单个符号构建为复合文本的规则。如蝙蝠可以指代"福"，按"全"之思想，是单个符号指代全部吉祥事物；而五个蝙蝠图像则指代"五福"，是对"福"这一概念的具体化，其中数字"五"体现了这一具体化过程中的"象数"要求。符号间建立起全新句法的过程，需要"数"承担定语功能。"数"的附加，让设计回归"全"这一内涵。设计在满足当前符号层级要求的基础上，通过"符之数"对"天之数"的模拟，方可构成指涉整个系统的高级复杂符号文本，从而达到"全"的特性。

五、传统文化设计符号思维系统模型

通过对先民造物思维的研究，我们提出了显性设计符号题材来源——"太极型"设计思维模型，将其与隐性符号意义来源——"五易"设计思维模型叠加，可以得到传统文化设计符号思维系统模型。该模型系统地概括了先民在造物活动中的设计符号思想，中间的"太极型"部分体现了显性设计符号题材的主要来源方式，是古人解决"用什么概念去造物"这一关键问题的指导原则。周围循环转化的"五易"之法描述了隐性设计符号形态意义的表达思维，是古人解决"用什么理念方法去造物"的指导原则。该模型是中国古代造物语意来源的思维方法总结，也将对未来的文化创意设计工作具有较强的指导价值（图6-10）。

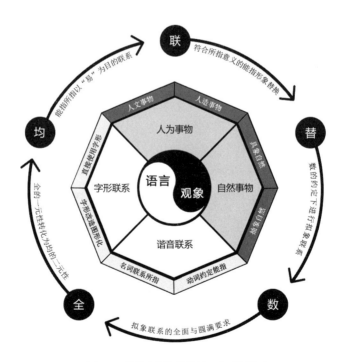

图6-10 传统文化设计符号思维系统模型

结语 守正创新 设计未来

如果说现代主义的底层理论逻辑是人因工程学，那么后现代主义的底层理论逻辑即是设计符号学，这种脱胎于语言符号学的理论体系，偏重解决设计中的文化性、社会性、心理性问题，向上与传播学、信息学具有学理上的近亲关系，向下衍生出产品语意学、设计修辞学等理论分支。目前，我们正迈向一个二元结合的新时代，如果将这个时代比作一块硬币的话，那么硬币的正面是由科技进步驱动的信息时代，反面则是由文化传承与创新驱动的文创时代。因此，重新审视民族文化的符号特征及其背后蕴含的当代价值，将传统设计文化思维转换为当代设计理论与方法，具有极为重要的现实意义。前文我们通过符号学理论分析传统设计文化中显性与隐形符号的思维特征，提出了传统符号设计思维方法系统模型，本章我们将从该模型出发，思考传统文化设计符号思维应用于当代设计实践中的策略、程序与方法，从而完成传统文化设计符号学研究的理论闭环。

一、代表研究案例的综合研讨

前文以传统文化设计符号为经，以现代设计符号学理论为纬，构建起传统文化设计符号学的研究路径，随后展开了对太极图、兽面纹、福纹三大案例的共时性与历时性结合研究，从而对传统文化的哲学与认知层、礼制与人文层、民用与人造层的造物行为模式有了更为深刻的认识，为总结先民符号设计思维规律奠定了基础。

太极图是中国传统易学思想的视觉凝缩，其语意代表了传统文化的设计思维方法，其中蕴藏的系统观、均衡观、变化观深刻地影响了中国古代造物设计行为，产生了"应时而变""巧法造化""虚实相生""周全圆满""暗示留白""稳中有变""适度把握"等设计手法，太极图式的形态特征也在古今诸多设计中得到普遍反映。通过系统研究太极八卦图、河图洛书等易理相关图式，发现了诸多颇具价值的设计符号演进规律：意义同源是图符形式久分必合的内驱源泉，意义阐释差异是形式久合必分的核心动因，形式的灭失则与信息的正确性、易读性、审美性等息息相关。符号形式的演进符合分合选退的逻辑，过程中存在自然选择现象，具有语意向语构演进、象数符号向义理符号演进的特征，整体呈现出从现象到本质的演进规律。其中"象"与"数"的辩证关系是中国传统符号文化的一大特征，符号组合的中心母题符码正是由外围象数符码演进而来，即形态来源于"象"的数化。

兽面纹是兴衰演进于夏商周三代的礼制符号，其形象源于"神格化的人"，即从人的符号能指形态出发，掺杂融合了若干动物的特征，使其具备神性。兽面纹的作用在于"崇神敬祖，以联天人"，其根本目的在于为统治阶级服务。形式丰富的兽面纹体现出先民"造型整体拟象""纹饰巧适器形""地纹巧适母题"的造物方法，让我们得以管窥古人如何构建起二维纹饰与三维器物之间的符号联系。兽面纹的发展与兴衰受"象征意义流变"和"工艺技术发展"的内外动因影响，内在驱动力源于统治阶级符号内涵意指的需求变化，我们可以清楚地发现，夏商周三代礼制精神的演变是兽面纹符号兴衰的决定性因素，其兴于统治需求，流于阶级审美，衰于指代转移。

兽面纹的形式在石器时代与青铜时代经历了两次由简到繁的过程，这正是造物形式语言与工艺技术水平密切相关的外在表现。

福纹形态源于字形联想与谐音联想，充分代表了吉祥语意符号编码思维。通过对福纹的研究，我们可以发现大多数中国传统吉祥符号都依附于语言系统的系谱毗邻关系，经由"成语"演化而来，形成了具有高度自闭性的二维符号系统，而这种自闭系统的下位符码又可以在不同设计命题下开放重组使用，实现了"符"与"物"系统的巧妙结合。通过与太极图、兽面纹研究结论的综合分析，可以概括地说，在符号演化过程中，先民的两大意义赋值手段源于"语言"与"人文"，"语言联系"包括字形联想和谐音联想，"人文联系"包括形态联想、性质联想、行为联想和约定联想。上述联想过程中输入符号与输出符号的词性经常依据模糊逻辑进行转化，体现出一种独具特色的思维模式，即注重模拟辩证后的"解释能力"，而并不被推理过程中程序上的"第一因"所困扰。中国吉祥文化设计符号汇聚于一个以"祈福"与"辟邪"为毗邻轴两极，"语言联想"与"人文联想"为系谱轴两极的集合体系之中，这个体系源于"儒""道""释"三者融合的文化背景，是先民"观物取象"与"模糊联系思维"的产物，它深刻地受到阴阳说、五行说、神话传说、礼制规范等人文因素的影响。此外，中国传统工艺典籍中处处体现出关联性原则、历时性原则、切分性原则、替换性原则等现代符号学理念，大量的易图也呈现出非常高的信息设计水平。

总而言之，中国传统设计符号的意义来自于"观象"与"语言"两大途径。其中"观象"源于人文事物和自然事物；"语言"源于字形联系和语音联系，由此可以构建传统文化显性符号题材来源模型——"太极型"模型。之后通过对"道""法""器"关系的探讨，得出了先民以"易"为核心思想，以"适应"为主要策略，以"联""替""数""全""均"为手段方法的"五易"传统文化隐性符号意义来源模型。将显性与隐性模型进一步叠加，可得到传统符号设计思维方法系统模型，该模型概括性地描述了先民造物活动中的设计符号思想。

二、中国文创设计符号方法论

在认识过去的基础上面向未来，是传统文化设计符号研究的目标。文化符号分为显性与隐性两大类，前者是具体的、可视的、约定俗成的，一般与特定题材及形态特征有关，可通过外延意指直观地识别出其文化归属。而后者是间接的、程序的、潜在的，一般与语构编码规则和设计观念有关，体现了特属文化的设计思维规律。当前我国的传统文化创新设计，往往仅针对显性符号采取照搬、割裂、支解或拼置等简单处理方式，导致"中国味道"的不足或"变味"，这恰恰是因为不重视隐性符号语言的研究与运用导致的结果。经过案例的深入分析与思维模式总结，结合当代产品设计的情况和特点，我们可以将"传统符号设计思维的系统模型"转化为拓扑图结构，将其中起显性符号作用的部分用白色表示，将起隐性符号作用的部分用黑色表示，并融合案例研究总结的重要设计规律，得到"中国传统文化设计符号来源模型"，该模型基本上涵盖了文化显性—隐性设计符号语言来源的途径、方法与手段（图1）。

文创设计是未来大有可为的热点趋势，但目前我国的文创设计水平不够高，受到抄袭模仿或照搬割裂的困扰，当前设计的关注点也多数集中在"题材挖掘"方面，尚无明确的应用转译机制理论指导，其根本原因在于单纯关注显性符号，而缺乏隐性符号的相关设计方法论。针对这种情况，我们可以将前文总结的以"易"为核心的"五易"思维模型加以改造，用于解决当代文创设计中的隐性符号特征传达问题。在选题方面，可以从命题出发，遵循古人的模糊联系思维，用拟象的方式，提取传统文化典型符号，或用字形、谐

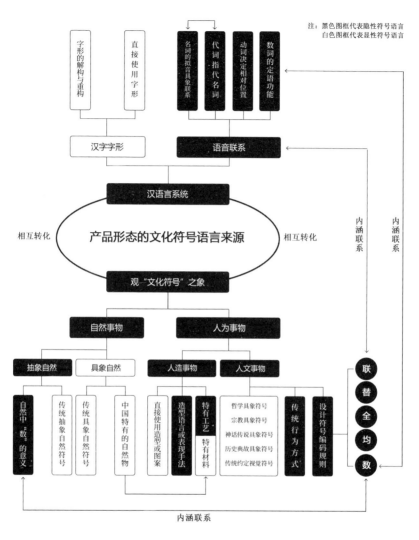

图 1 中国传统文化设计符号来源模型

音联想的方式加以符号形式的转换,避免陷入照搬抄袭的局面。在文创产品族系角度,可以精准挖掘提炼特定人群喜好的符号库,并

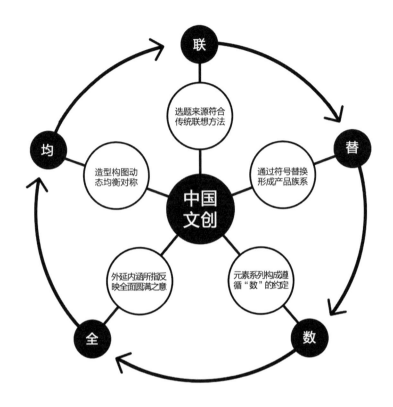

图 2 中国文创隐性设计符号意义来源模型

加以"文创价值"评估,形成具有传播价值的可替换视觉符号集合。值得注意的是,元素或系列应尽可能遵循古人对"数"的约定,并在造型与构图方面,体现出均衡对称或动态对称的特征,使其呈现出"周全圆满"之意。该模型在五个方面体现了中国本土隐性符号语意传达的思维特征(图2):

结合上述成果,我们可提出中国文化创新型设计程序与方法的结构流程框（图 3）。该设计程序以融入传播文化附加价值为主要目标，从设计物的外延能指（功能性造型）与外延所指（象征性造型）分析出发，使用显性符号思维模型确定设计主题，通过"语言"与"观象"筛选并确定显性文化集合中的符号，提出设计概念。

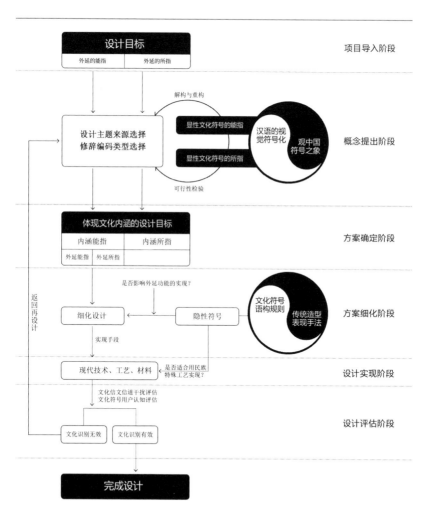

图 3 中国文化创新型设计程序与方法

而后通过适宜的修辞手段，进行符号的解构和重构，融入符号的象征意义，体现传统文化内涵，并使用隐性符号的思维模式进行细化设计与检验，使其符合传统文化的语构规则及造型表现手法。在这个过程中，需要充分考虑定位人群需求及新工艺、新材料、成本控制等因素，将其与显性—隐性符号的选择、解构与重构巧妙融合。最终在满足产品使用功能及实现手段的基础上，还需要评估产品的文化象征意义是否能被定位人群准确与有效识别。该程序与方法聚焦民族文化符码的当代转译，为文化符号的编码与解码开拓了方法论角度的新思路，是设计符号学的应用理论拓展。

三、研究趋势与未来展望

用户必须具备相当的知识储备，才能在传统文化信息的认知解码过程中有效、准确地识别差异性的符号语意，避免文化信息的解读困扰。由于篇幅与工作重点所限，本书更多偏重设计语意和设计语构研究，对符号信息编码的意义来源及其形成方法研究偏多，对"符号解读效果"即设计语用研究偏少。从信息认知角度看，中国传统文化的显性符号语言可粗略地分为三个层次：

浅层次：能被世界范围所认知的层次，即世人所知的"中国专属题材"，如龙、熊猫、中文、书法、中国古建筑样式等，也包括可通过形式或语构特征判断为"中国风"的设计语言。即能在不经过多解释的情况下，被绝大多数非本民族文化圈人群正确识别与解码的"中国符号"。

中层次：可被中华文化圈人群所认知的层次，如"福"字的含义在中国童叟皆知，但在外国人眼里只是一个汉字而不明其意。使用此类符号会造成世界范围内的意义解读偏差。因此，其符号利用价值就衰减至华人文化圈内。

深层次：中国符号博大精深，存在无数因民族与地域文化多样性

形成的"亚文化符号集合",如北方人群无法有效识别西南少数民族视觉符号,汉、满、蒙、藏的民族纹饰也常常被大多数人混淆。不同的定位人群对符号的关注点与了解度不尽相同,即使同一类型的人群,因教育经历、年龄差距也会造成文化知识储备的差距。如何精准框定目标人群与亚文化符号集合之间的"适应域",并被"旁观者"认同,是当前学术研究的一大难题。

从显性符号设计角度看,我们不得不承认,当今多数传统文化符号的公众认知基础已经非常薄弱,需要在设计中谨慎使用,如蝙蝠代表"福",在古代童叟皆知,而现今未必所有中国人都具备这种知识储备。目前常用的解决方法包括评估拟采用符号题材的公众认知度,或在设计中通过适当方式加以教育解释。除文化符号的知名度与影响力不足这一先天因素之外,"亚文化符号集合"的认知差异也决定了针对具体设计任务需要"一事一议",设计师在进行文创设计之初,就有必要面向不同文化圈层的目标人群开展充分的定位人群调研与符号认知评估,将拟利用的文化符号进行信息认知效力分析。因此,中国传统符号集合的文创价值分类分级评估将是未来设计领域的常态工作,这将减少文创设计工作的"题材风格"误选问题,使设计师更为快速有效地开展创作。

从隐性符号设计角度看,本书提出的"五易"思维模型是从古代设计案例与文献研究中总结的宏观设计指导策略。实质上,隐性符号语言还包括更为具体的"中国表达手法",使用这些手法的设计作品可以直接传达民族文化的意境和感觉,如使用书画的水墨感表达现代平面设计的内容,使用带有明显青铜器造型语言的线条感、体块感去设计现代的容器类产品等。这些具体的表达手法是不同时代、不同工艺、不同材料的中国文化隐性符码特征,需要加以进一步的细致分类总结,并需要探讨在当代新媒体、新工艺、新材料中的创新结合应用。

事实上，符号、语境、用户三者之间的关系极其复杂，对其全要素的编码与解码研究真可谓"雄关漫道真如铁"，需要具备跨学科协同研究的能力。这一领域包括近似文化符号识别特征的差异化区分问题、设计符号受众解码效果的不确定性与多义性问题、现代人群对传统符号的解码机制问题、信道通畅与噪声控制技术问题、设计符号修辞的组合模式问题、传统符号与现代语境的融合性问题等，这将是设计学界未来持续关注的重点与难点。笔者深知，仅凭一己之力也许永远无法完成这一系列宏大的议题，需要无数同仁一同努力。让我们为弘扬中华民族文化，助力中国设计发展贡献绵薄之力，争取早日实现中国设计符号学理论的"而今迈步从头越"！

参考文献

学术专著

[1] (德)马克思·本泽,伊丽莎白·瓦尔特.广义符号学及其在设计中的应用[M].北京:中国社会科学出版社,1992.
[2] 杨裕富.创意活力——产品设计方法论[M].长春:吉林科学技术出版社,2004.
[3] (美)斯蒂芬·贝利.20世纪风格和设计[M].罗筠筠译.成都:四川人民出版社,2007.
[4] 徐恒醇.设计符号学[M].北京:清华大学出版社,2008.
[5] 胡飞.工业设计符号基础[M].北京:高等教育出版社,2007.
[6] 李幼蒸.理论符号学导论[M].北京:社会科学文献出版社,1999.
[7] (瑞士)费尔迪南·德·索绪尔.普通语言学教程[M].高名凯译.北京:商务印书馆,1980.
[8] (瑞士)穆斯达法·萨福安.结构精神分析学 拉康思想概述[M].怀宇译.天津:天津社会科学院出版社,2001.
[9] (法)罗兰·巴特.符号学原理[M].王东亮等译.北京:社会科学文献出版社,1999.
[10] 徐恒醇.实用技术美学 产品审美设计[M].天津:天津科学技术出版社,1995.
[11] (法)A·J·格雷马斯.结构语义学[M].蒋梓骅译.天津:百花文艺出版社,2001.
[12] 胡飞,杨瑞.设计符号与产品语意、理论、方法与应用[M].北京:中国建筑工业出版社,2003.
[13] 张乃仁.设计词典[M].北京:北京理工大学出版社,2002.
[14] 胡飞,杨瑞.设计符号与产品语义[M].北京:中国建筑工业出版社,2003.
[15] 张宪荣.设计符号学[M].北京:化学工业出版社,2004.
[16] 陈浩,高筠,肖金花.语意的传达:产品设计符号理论与方法[M].北京:中国建筑工业出版社,2005.
[17] 李乐山.符号学与设计[M].西安:西安交通大学出版社,2015.
[18] 张凌浩.符号学产品设计方法[M].北京:中国建筑工业出版社,2011.
[19] 胡飞.中国传统设计思维方式探索[M].北京:中国建筑工业出版社,2007.
[20] 中国大百科全书编辑部.中国大百科全书哲学卷[M].北京:中国大百科全书出版社,1987.
[21] 高晨阳.中国传统思维方式研究[M].济南:山东大学出版社,1994.
[22] 李砚祖.造物之美[M].北京:中国人民大学出版社,2000.
[23] 柳冠中.工业设计学概论[M].哈尔滨:黑龙江科学技术出版社,1997.
[24] 张峻霞.工业设计概论[M].北京:海洋出版社,2008.
[25] 张道一.工业设计全书[M].南京:江苏科学技术出版社,1994.
[26] (法)罗兰·巴特.叙事作品结构分析导言[M].谢立新译.天津:百花文艺出版社,2004.
[27] 陈仁寿.中医入门100讲[M].南京:江苏科学技术出版社,2005.

[28] 张其成.易学大辞典[M].成都:华夏出版社,1992.

[29] 邹学熹.易学十讲[M].成都:四川科学技术出版社,1986.

[30] 王同亿.高级汉语词典[M].海口:海南出版社,1996.

[31] 南怀瑾,徐芹庭.白话易经[M].长沙:岳麓书社,1988.

[32] 张远山.伏羲之道[M].长沙:岳麓书社,2015.

[33] 闻人军.考工记译注[M].上海:上海古籍出版社,2008.

[34] 高丰.美的造物——艺术设计历史与理论文集[M].北京:北京工艺美术出版社,2004.

[35] 左汉中.中国民间美术造型[M].长沙:湖南美术出版社,2006.

[36] 吴山.中国工艺美术大辞典[M].南京:江苏美术出版社,1989.

[37] 马承源.中国青铜器[M].上海:上海古籍出版社,2004.

[38] 王仁湘.中国史前考古论集[M].北京:科学出版社,2003.

[39] 务川仡佬族苗族自治县民族宗教事务局.务川苗族[M].贵阳:贵州民族出版社,2002.

[40] 贵州省安顺地区民族事务委员会古籍整理办公室.蚩尤的传说[M].贵州:贵州民族出版社,1989.

[41] 彭世凡,李朝远.中国青铜器鉴赏图典[M].上海:上海辞书出版社,2007.

[42] 高蒙河.铜器与中国文化[M].上海:汉语大词典出版社,2003.

[43] 张光直.中国青铜时代[M].北京:三联书店,1999.

[44] 丁孟.你该知道的200件青铜器[M].北京:紫禁城出版社,2007.

[45] 李松.中国青铜器[M].北京:五洲传播出版社,2008.

[46] 读图时代.中国古青铜器收藏鉴赏百问百答[M].北京:中国轻工业出版社,2006.

[47] 马承源.上海博物馆青铜器研究组.商周青铜器纹饰[M].北京:文物出版社,1984.

[48] 高至喜.商周青铜器与楚文化研究[M].长沙:岳麓书社,1999.

[49] 朱志荣.商代审美意识研究[M].北京:人民出版社,2002.

[50] 李泽厚.美学三书[M].天津:天津社会科学院出版社,2003.

[51] 廖群.中国审美文化史先秦卷[M].济南:山东画报出版社,2003.

[52] 谢崇安.商周艺术[M].成都:巴蜀书社,1997.

[53] 黄南津,刘家毅.百寿图考释[M].北京:中国档案出版社,2007.

[54] 班昆.中国传统图案大观(一)[M].北京:人民美术出版社,2003.

[55] 宋元人注.四书五经[M].天津:天津市古籍书店,1993.

[56] (瑞士)索绪尔.普通语言学教程[M].刘丽译.北京:九州出版社,2007.

[57] (美)苏珊·朗格.情感与形式[M].刘大基,傅志强,周发祥译.北京:中国社会科学出版社,1986.

[58] 张道一,郭廉夫.古代建筑雕刻纹饰(寓意吉祥)[M].南京:江苏美术出版社,2007.

[59] 包林.设计的视野:关于设计在大的知识门类之间的位置与状况[M].石家庄:河北美术出版社,2003.

[60] 天白.易经图解[M].长春:长春出版社,1991.

[61] 刘坤生.周易老子新证[M].南京:江苏文艺出版社,1992.
[62] 阮元.周易正义[M].影印阮刻《十三经注疏》本.北京:中华书局,1980.
[63] 郭廉夫,毛延亨.中国设计理论辑要[M].南京:江苏美术出版社,2008.
[64] 赵宗乙.淮南子译注[M].哈尔滨:黑龙江人民出版社,2003.
[65] 班固.白虎通[M].南京:中华书局,1985.
[66] 阮元.周礼注疏[M].影印阮刻《十三经注疏》本.北京:中华书局,1980.
[67] 罗愿.钦定四库全书荟要-尔雅翼[M].长春:吉林出版集团,2005.
[68] 阮元.春秋左传正义[M].影印阮刻《十三经注疏》本.北京:中华书局,1980.
[69] 阮元.礼记正义[M].影印阮刻《十三经注疏》本.北京:中华书局,1980.
[70] 王明.抱朴子内篇校释(增订本)[M].北京:中华书局,1985.
[71] 郭廉夫,毛延亨.中国设计理论辑要[M].南京:江苏美术出版社,2008.
[72] 朱熹.朱文公文集[M].四部丛刊初编集部,上海:商务印书馆缩印明刊本,1989.
[73] 郑玄,刘宝楠.论语正义[M].影印世界书局《诸子集成》本.上海:上海书店,1986.
[74] 谷应泰.博物要览[M].北京:商务印书馆,1939.
[75] 柳冠中.事理学论纲[M].长沙:中南大学出版社,2006.

学位论文

[1] 葛慧敏.罗兰·巴特叙事观念的转变及意义[D].上海:复旦大学,2011.
[2] 胡飞.艺术设计符号的形式、意义及运用研究[D].武汉:武汉理工大学,2002.
[3] 王刚.艺术设计符号学在环境艺术中的运用研究[D].武汉:武汉理工大学,2003.
[4] 海军.平面设计的符号学研究[D].北京:清华大学,2004.
[5] 张帆.基于产品造型的设计符号学研究[D].杭州:浙江大学,2006.
[6] 徐光.展示设计中的符号学研究[D].武汉:武汉理工大学,2006.
[7] 李彦艳.设计符号在招贴广告信息传播中的应用研究[D].昆明:昆明理工大学,2007.
[8] 王方良.产品的意义阐释及语意构建[D].南京:东南大学,2004.
[9] 孙菁.基于意象的产品造型设计方法研究[D].武汉:武汉理工大学,2007.
[10] 王方良.论产品语意的层次特征和创生机制[D].北京:北京理工大学,2001.
[11] 周洁.基于视觉修辞的视觉素养培养探究[D].扬州:扬州大学,2011.
[12] 王佳.基于修辞理论的交互界面设计符号研究[D].北京:北京理工大学,2011.
[13] 王庆荣.不同年龄层及教育程度之消费者对隐喻式广告理解度之探讨[D].新竹:台湾清华大学,2006.
[14] 陈烨.产品设计中的夸张修辞研究[D].长沙:湖南大学,2006.
[15] 蒋莉.修辞技巧在包装设计创意中的运用[D].成都:四川大学,2007.

[16] 袁承志.风格与象征魏晋南北朝莲花图像研究[D].北京:清华大学,2004.
[17] 张晓霞.中国古代植物装饰纹样发展源流[D].苏州:苏州大学,2005.
[18] 张智艳.传统蝙蝠纹样艺术符号研究[D].株洲:湖南工业大学,2009.
[19] 张杨.明清家具的符号学研究及其在中式家具设计中的应用[D].哈尔滨:东北林业大学,2007.
[20] 张犇.四川茂汶理羌族设计的文化生态研究[D].苏州:苏州大学,2007.
[21] 冯燕.凉山彝族服饰设计符号研究及传承与利用[D].苏州:苏州大学,2008.
[22] 章洁.春节文化符号的再设计研究[D].无锡:江南大学,2008.
[23] 张欣宏.蒙古族传统家具装饰的研究[D].北京:北京林业大学,2006.
[24] 余肖红.明清家具雕刻装饰图案现代应用的研究[D].北京:北京林业大学,2006.
[25] 何燕丽.中国传统家具装饰的象征理论研究[D].北京:北京林业大学,2007.
[26] 祝帅.在本土与全球之间[D].北京:中央美术学院,2006.
[27] 张榕蓉.试论中国传统图案在现代标志设计中的传承与发展[D].北京:清华大学,2004.
[28] 罗燕.中国传统吉祥纹样在现代室内设计中的运用研究[D].重庆:重庆大学,2006.
[29] 张明.汉字意象思维和中国视觉设计[D].苏州:苏州大学,2007.
[30] 何晓丽.中国传统图案在现代标志设计中的运用[D].广州:华南师范大学,2007.
[31] 彭静.中国传统图案在现代招贴设计中的应用[D].扬州:扬州大学,2008.
[32] 代锋.中国传统文化符号在建筑设计中的应用研究[D].长春:东北师范大学,2008.
[33] 吴志军.东巴视觉艺术符号的特征分析及其在现代设计中的应用研究[D].昆明:昆明理工大学,2008.
[34] 周鹏.通过产品语意塑造中国特色设计文化的探讨[D].武汉:武汉理工大学,2008.
[35] 吴卫.器以象制 象以圜生——明末中国传统升水器械设计思想研究[D].北京:清华大学,2004.
[36] 郭芳.中国古代设计哲学研究[D].武汉:武汉理工大学,2004.
[37] 肖畅.审美符号传播研究[D].武汉:武汉理工大学,2002.
[38] 周兴.现代平面设计中艺术符号的研究[D].合肥:合肥工业大学,2006.
[39] 金银.20世纪80年代之后中国设计艺术理论发展研究[D].武汉:武汉理工大学,2007.
[40] 庞丽霞.易图学"旋毛《河图》""坏文《洛书》"源流考述[D].曲阜:曲阜师范大学,2020.
[41] 陈碧.《周易》象数美学思想研究[D].武汉:武汉大学,2005.
[42] 张野.基于传统文化的语义学特征及其层次分析[D].北京:北京理工大学,2003.
[43] 常颖.中国传统吉祥图形"寿"与视觉设计[D].汕头:汕头大学,2007.
[44] 王汇文.南方原始瓷研究[D].苏州:苏州大学,2009.
[45] 苏荟敏.石涛《画语录》美学思想研究[D].上海:复旦大学,2007.

期刊文献

[1] 李乐山.产品符号学的设计思想[J].装饰,2002(04):4-5.
[2] 黄敏.设计中的符号学[J].湖北工学院学报,2001(03):89-90,106.
[3] 王佳,张野.基于我国传统文化角度研究产品语义学的意义及目的[J].河北大学学报(哲学社会科学版),2008(01):130-133.
[4] 胡飞.中国古代设计艺术的当代生命[J].艺术百家,2005(03):102-105.
[5] 童慧明.创造中华现代产品的ICON[J].美术学报,2003(02):37-40.
[6] 张野,曾馨.中国设计修辞研究二十年:起源与展望[J].装饰,2018(11):80-83.
[7] 胡壮麟.当代符号学研究的若干问题[J].福建外语,1999(1):1-9.
[8] 王铭玉,宋尧.中国符号学研究20年[J].外国语(上海外国语大学学报),2003(01):13-14.
[9] 刘涛.视觉修辞的学术起源与意义机制:一个学术史的考察[J].暨南学报(哲学社会科学版),2017,39(09):66-77,130.
[10] 蒋涅.初探符号学在指示标识设计中的运用[J].大艺术,2004(02):62-63.
[11] 赵毅衡.中国符号学六十年[J].四川大学学报(哲学社会科学版),2012(01):5-13.
[12] 刘观庆.产品语意学初探[J].艺苑(美术版),1995(03):22-23.
[13] 庄明振,邹永.视觉传达设计中视觉修辞应用的探讨[J].设计学报,1998(01):101-120.
[14] 吴志军,那成爱.符号学理论在产品系统设计中的应用[J].装饰,2004(07):19.
[15] 王佳.解读当代华语电影海报设计中的视觉修辞语言[J].装饰,2012(07):94-95.
[16] 冯丙奇.视觉修辞理论的开创——巴特与都兰德广告视觉修辞研究初探[J].北京理工大学学报(社会科学版),2003(06):3-7.
[17] 刘涛.视觉修辞的学术起源与意义机制:一个学术史的考察[J].暨南学报(哲学社会科学版),2017,39(09):66-77,130.
[18] 薛婷婷,毛浩然.国外视觉修辞研究二十年:焦点与展望[J].西安外国语大学学报,2017,25(3):29-34.
[19] 刘晓燕.中国视觉修辞研究的进路[J].长江师范学院学报,2008(01):53-56.
[20] 陈汝东.论视觉修辞研究[J].湖北师范学院学报(哲学社会科学版),2005(01):47-53.
[21] 花景勇.关于设计中形态修辞的思考[J].湖南大学学报(社会科学版)2000(S3):195-199.
[22] 胡妙胜.隐喻与转喻——舞台设计的修辞模式[J].戏剧艺术,2000(04):4-21.
[23] 王铭玉.符号学与语言学[J].外语研究,1999(02):6-8.
[24] 张道一,潘鲁生.博士学位论文《民艺学论纲》书选[J].艺苑(美术版),1996(02):54-57.
[25] 邓福星.中国传统图案论纲[J].美术研究,1993(04):4-13.
[26] 乌恩溥.《太极图说》探源[J].社会科学战线,1982(02):13-20.
[27] 朱良志.论中国艺术论中的"圆"[J].安徽师大学报(哲学社会科学版),1994(04):390-400,410.
[28] 朱维宗,徐昆,李尧."参与式教学"的设计与案例分析[J].云南教育,2004(05):13-15.
[29] 许晓伟.太极图形的现代设计美学阐释[J].艺术探索,2006(02):71-72.

[30] 张文智.论《易传》的象数、义理合一模式与天人合一的理论架构[J].周易研究,2008(02):42-51.

[31] 杨效雷.清代学者对"河图""洛书"的考辨[J].湖南科技学院学报,2005(01):57-62.

[32] 蔡运章.河图洛书与古都洛阳[J].河南科技大学学报(社会科学版),2007(03):22-28.

[33] 史善刚.论河图洛书与八卦起源[J].史学月刊,2007(08):79-88.

[34] 王卡.河图洛书探源[J].世界宗教研究,1994(02):109-116,155.

[35] 王先胜.汉代八卦洗(先天八卦图)真伪考辨——兼谈八卦源流问题[J].周易文化研究,2017(00):87-101.

[36] 郭志成.集安八卦图考[J].安阳大学学报,2004(01):1-5.

[37] 杨作龙.太极图河洛探源[J].洛阳师范学院学报,2004(06):5-9.

[38] 蔡运章.河图洛书之谜[J].文史知识,1994(03):35-39.

[39] 王襄天,韩自强.阜阳双古堆西汉汝阴侯墓发掘简报[J].文物,1978(08):12-31,98-99.

[40] 陈久金,张敬国.含山出土玉片图形试考[J].文物,1989(04):14-17.

[41] 蔡运章.河图洛书之谜[J].文史知识,1994(03):35-39.

[42] 赵树中,胥泽蓉,何志国,唐光孝,陈显双.绵阳永兴双包山二号西汉木椁墓发掘简报[J].文物,1996(10):13-29,97,1-2,1.

[43] 王先胜.绵阳出土西汉木胎漆盘纹饰识读及其重要意义[J].宗教学研究,2003(02):14-30,146.

[44] 陈久金.阴阳五行八卦起源新探[J].自然科学史研究,1986,2.

[45] 连劭名.商代的四方风名与八卦[J].文物,1988,11.

[46] 刑文.秦简归藏与周易用商[J].文物,2000,2.

[47] 李申.太极图渊源辩[J].周易研究,1991(01):24-35.

[48] 李仕徵.玻尔"并协原理"与八卦太极图[J].周易研究,1994,4.

[49] 李仕澂.论太极图的形成及其与古天文观察的关系[J].东南文化,1991(Z1):2-31.

[50] 施忠连.先天图与二进制巧合的秘密[J].哲学研究,1985(02):55-59.

[51] 王诚.周敦颐《太极图》源流考辨[J].船山学刊,2009(03):106-111.

[52] 白发红.以《说》证《图》:周子《太极图》试析[J].周易研究,2019(02):65-73.

[53] 林忠军.周敦颐《太极图》易学发微[J].孔子研究,2000(01):95-102.

[54] 郭彧.《周氏太极图》原图考[J].周易研究,2004(03):39-45.

[55] 葛荣晋.韩邦奇哲学思想初探[J].孔子研究,1988(01):113-120.

[56] 张野,易晓.一件商早期兽面纹青铜礼器的设计符号分析[J].装饰,2012(03):78-79.

[57] 王会莹.良渚文化神人兽面纹与西王母形象之文化考释[J].西北民族研究,2005(04):202-209.

[58] 唐春芳.论蚩尤在历史上的功绩与地位[J].民间文学论坛,1996(01):20-28.

[59] 李廷贵.九黎、蚩尤和苗族[J].贵州民族研究,1986(02):144-147.

[60] 田晓岫.说"蚩尤"[J].中央民族大学学报,1997(03):51-57.

[61] 杨作龙.论蚩尤文化与早期黄河文明[J].洛阳师范学院学报,2008(04):29-35.

[62] 何光岳.饕餮氏的来源与饕餮(图腾)图像的运用和传播[J].湖南考古刊,1986(00):200-208,199.
[63] 杨英.汉初祀畤考[J].世界宗教研究,2003(02):16-28.
[64] 熊传新.湖南醴陵发现商代铜象尊[J].文物,1976(07):49-50,95-96.
[65] 路永泽.商周青铜器装饰纹样构成形式研究[J].装饰.2006(11):91.
[66] 任小燕.素质教育与高职语文课程改革探索[J].今日湖北(理论版),2007(04):137-138.
[67] 诸天寅.释"福"字[J].文史知识,1982(06):109-111.
[68] 张智艳,吴卫.传统"五福捧寿"纹样符号阐释[J].艺术百家,2008,24(S2):157-160.
[69] 庄春辉.解读."卍"(卐)字符及其不同变体的文化表征意义[J].康定民族师范高等专科学校学报,2008(01):27-32.
[70] 宋丙玲.浅谈中国的"卐"字纹饰[J].四川文物,2006(02):59-63,70.
[71] 杨甫旺."卍"符号与生殖崇拜初探[J].四川文物,1998(01):31-33.
[72] 邵如林.话说"卐"字[J].丝绸之路,1999(02):56.
[73] 张野.传统文化产品语义层次与特征分析[J].河北大学学报,2009(1):124.
[74] 徐勤."梓人为笱虡"——《考工记》工艺思想拾零[J].装饰,1996(02):48-49.
[75] 黄成(大成),杨明(清仲).《髹饰录》[J].中国生漆,1991(03):43-48.
[76] 朱永明.平面传达设计中的结构符号语言特征[J].装饰,2006(10):8-9.

其他文献

[1] 百度百科.叶尔姆斯列夫[DB/OL].(2007-07-24)[2007-12-09].http://baike.baidu.com/view/480941.htm.
[2] 胡飞,张曦.意义丛林中的设计探险——20世纪80年代以来符号学理论在中国设计学科中的应用[C]//设计学研究·2015.同济大学设计创意学院,2016:125-144.
[3] Mejía G M, Chu S. "Rhetorical ability": reason, emotion, and character as heuristics for evaluation of efficacy in design[C]// International Conference Design & Emotion,2014,1-2.
[4] Foss,S.K.Framing the study of visual rhetoric: Toward a transformation of rhetorical theory[A].In Hills C.A.&M. Helmers(eds).Defining Visual Rhetorics[C].New Jersey: Lawrence Erlbaum Associates,Inc.2004:303-314.
[5] 张娜.传统文化符号的设计学意义[C]//汕头大学长江艺术与设计学院、清华大学美术学院."岁寒三友——诗意的设计"——两岸三地中国传统图形与现代视觉设计学术研讨会集,2004:11.
[6] 张慧民.中国传统文化分类法[DB/OL].百度文库.2011-02-07.https://wenku.baidu.com/view/4194d1bec77da26925c5b050.html.
[7] 杨作龙.探寻河洛文化的物象之源[N].光明日报,2005,12-08.
[8] 韦章炳.刍议《连山》、《水书》与含山玉版之谜[C]//首届国学国医岳麓论坛暨第九届全国易学与科学学会研讨会、第十届全国中医药文化学会研究会论文集.2007:81-86.

[9] 刘亮.太极图解（下）[DB/OL].新浪博客,2009-02-07.http://blog.sina.com.cn/s/blog_5c71cdab0100c993.html.

[10] 郭彧.《太极图》渊源研究之我见[DB/OL].新浪微博,2007-08-20.http://blog.sina.com.cn/s/blog_4e2e3c1a01000bl4.html.

[11] 张雯.商代青铜兽面纹觚[N].中国商报,2005-07-19.

[12] 百度百科.系谱轴[DB/OL].(2007-10-6)[2009-3-31].http://baike.baidu.com/view/1204827.htm.

后 记

十六年前的秋天,我进入北京理工大学,师从张乃仁教授开始博士阶段的学习,并于2009年完成博士学位论文《传统文化设计符号学研究》,本书正是以这篇论文为蓝本修订而来。在全书付梓之时,首先应感谢恩师当年给予我的宝贵学习机会,论文中的点滴所得,皆归功于张老师对我的悉心指导教诲。在跟随先生的五年科研工作、三年博士学习期间,我从导师身上学到了"专业为本"的发展理念,更为重要的是,我学会了如何建立起正确的人生观、价值观、教育观,这对我从教后的做事态度与风格产生了深远的影响。先生的长者风范、大家风度让学生终生铭记在心。

感谢在学习期间培养我的诸多老师,特别是北京理工大学设计艺术学院科研项目组的宫晓东老师、罗琦老师、李平老师,她们扎实的专业能力和严谨的工作态度让我受益终身。感谢三年来与我同甘共苦、齐心协力完成一个个科研项目的边鹏、刘鹏、石彭同学。同时，对在艰苦的论文写作过程中互相帮助、同进共勉的博士同学们表示由衷的谢意，他们是刘永祥老师、朱慧老师、姜可老师、巩超博士。

清华大学美术学院的王明旨教授、鲁晓波教授、严扬教授，北京工业大学的曲延瑞教授，北京工商大学的王章旺教授，以及北京理工大学的丁洪生教授、张春林教授、杨建明教授均在我学位论文的选题、写作、评审与答辩阶段，为我提出过宝贵的建议，同时也要感谢三位匿名专家对论文中肯的评审意见。

毕业后我进入北京交通大学建筑与艺术学院任教，至今已有十二个年头。在此期间一直致力于设计符号学理论研究，发展了新的学术观点。同时长期任教"设计符号学"研究生课程，与学生在"教学相长"的过程中也收获颇丰。尤其是担任硕士生导师和论文评审专家的经历，让我对学术研究有了更为深刻的认识，从而对本书的质量有了更高的期待。回头再看当初的论文，自然会产生"不忍直视"之感，发现部分内容早已不合时宜，也存在诸多学术性与规范性的不足，甚至部分观点还存在学理性错误。因此，从2021年下半年到2022年初，我开启了一段不亚于"重新写作"的修订征程，在这个过程中我始终坚持两点原则，第一是"守正创新"，即在尊重原文的架构与内容基础上，对文中陈旧、片面甚至是错误的观点加以修正，并大刀阔斧地对行文冗余与逻辑混乱之处进行调整；第二是"修旧如旧"，即尊重原文的成文时间，原则上不新增引用2009年以后发表的文献，尽量使用2009年以前的观点材料勘正学理上的谬误。具体的修订内容包括：第一，优化全文结构，润色各章节名称，调整章节内部的逻辑顺序。在第一章中大幅调整了文献综述的体例，新增融入设计修辞方面的内容，在第六章新增"古代易学图式中的信息设计理念"一节，删除原文第七章"当代民族符号设计的修辞方法"部分，并将致谢部分改为后记；第二，针对案例研究考证不究，学理常识性错误、语句逻辑不通顺、冗余信息过多等问题进行了逐字逐句地修订；第三，由学术论文体例调整为专著体例，将参考文献由尾注转为脚注，补充了部分参考文献，重新规范文献的标注格式，力求论据的科学性与严谨性；第四，重绘全部插图：进行图片的识别性与美观性提升，修订图中的错误表述。应该说修订后的全文在学术性与易读性上均有较大的提升。在此我要真诚地对直接参与修订工作的冉麒麟、陈妍燕、盛天祎、何疏影、孙华龙等同学道一声谢谢！也要感谢以毛洋、李星星为代表的全体团队师生在设计项目中的勇于担当，为我的安心写作提供了"掩护"。

坦率地说，作为一名深陷于行政工作、课程教学、设计项目和家庭事务的"四栖选手"，这一修订过程于我来说真可谓一次"文化苦旅"。在这半年里，除去能用于通宵达旦写作的日子，我投入了几乎全部工作间隙的碎片时间，加之精力与体力双重不足，其艰辛窘迫难以言表。说出这个经历是想告诉我的学生，能有机会潜心于研究，是奢侈而又享受的，年轻人读书期间脑子快，时间多，没负担，一定要好好做学问，要早出成果，多出成果，出好成果。

感谢中国建筑出版传媒有限公司（中国建筑工业出版社）对本书的肯定，负责本书出版的孙硕编辑是我校艺术设计专业的毕业生，她曾在研究生阶段选修了我的"设计符号学"课程，对书中内容有着更为深刻的理解，这无疑是出版质量的保障，感谢她为策划出版本书付出的心血。

感谢家人在本书写作中对我的全面支持。感谢父母的理解，爱人的付出，尤其是由于工作繁忙，我对儿子常常疏于陪伴，为此深表愧疚。你们对我无微不至的关怀和精神的鼓励，是我前进的动力与源泉。

我还要特别向本书直接、间接征引参考过的文献图片资料作者表示衷心的感谢，他们多数都是我此生无法企及的学术大家，前人的研究成果是本文得以顺利完成的基石。

我经常和学生开玩笑说，设计符号学是"晦涩难懂设计理论王冠上的宝珠",但说心里话,我认为符号学之于设计,恰似数学之于工科,其重要性不言而喻,学好这门学问真的非常有用。作为一本小众学术专著,本书当归为"晦涩无趣"一类,听编辑说,能卖出超过几百册就算畅销书了,而我也早没了年轻时那种不切实际的期待。随着阅历的增长,我渐渐懂得,大多我们忙碌追求的东西皆为虚幻表象,只有孤寂的求真之路才能通往独立精神、自由思想之境。因此,本书修订出版过程的意义在于:让我再次加深了对传统文化的了解,也有机会将理论与实践中的所思所得做一个阶段性的梳理记录。如果还能有幸让几位后来者从书中获益,那就甚好。

原文成稿于 2009 年 6 月 北京理工大学新 2#1303
修订成稿于 2022 年 2 月 北京市西直门内小后仓

图书在版编目（CIP）数据

传统文化设计符号学研究 / 张野著 . -- 北京：中国建筑工业出版社，2022.5
 ISBN 978-7-112-27341-6

Ⅰ . ①传… Ⅱ . ①张… Ⅲ . ①中华文化－应用－艺术－设计－符号学－研究Ⅳ . ① K203 ② J06

中国版本图书馆 CIP 数据核字 (2022) 第 068745 号

责任编辑：吴绫
文字编辑：孙硕、李东禧
责任校对：赵菲
封面设计：陈妍燕

传统文化设计符号学研究

张 野 著

*

中国建筑工业出版社出版、发行（北京海淀三里河路 9 号）
各地新华书店、建筑书店经销
北京中科印刷有限公司印刷

*

开本：889 毫米 ×1194 毫米　1/24　印张：9⅙　　字数：208 千字
2022 年 5 月第一版　　2022 年 5 月第一次印刷
定价：**46.00** 元
ISBN 978-7-112-27341-6
　　（39164）

版权所有　翻印必究
如有印装质量问题，可寄本社图书出版中心退换
（邮政编码 100037）